JN440424

최종고시선집

崔鍾庫 詩選集

최종고시선집

崔鍾庫 詩選集

와이겔리

머리말

나는 2014년에 시인으로 등단하였지만 그 이전에 이미 7권의 시집을 내었다. 1950년대 말 경상도 상주의 청동국민학교에서 어린이 글짓기(동시)를 한 때부터 2013년 교수직 정년퇴임까지 60년간 나름대로 시 쓰기를 계속해 온 것이다. 정작 등단이란 것을 한 후에는 3권의 시집밖에 내지 못하였고, 등단 이전과 어떻게 다른지 말하기는 어렵다고 생각된다. 모두 10권에 이르는 시집과 출간하지 않은 시들, 특히 근년에 '공간시낭독회'에서 발표한 신작시와 여행시들을 합치면 스스로 얼마가 되는지조차 모르게 되었다. 그런 중 어언 나이 70대 중반을 바라보고 있다.

근자에 한 원로시인의 시선집을 받아 인상 깊게 읽고 나도 지난 시집들을 일일이 거론하기보다 나름대로 기억하고픈 시들을 골라 한 권으로 묶어보고 싶은 생각이 들었다. 60년간 써온 시들이 어떤 특징과 변화를 겪어왔나 기록으로 묶어보고 싶다.

첫 시집을 내었을 때 한 원로시인은 내 시가 도학(道學)적 냄새가 난다며 보다 인간의 악마성을 리얼하게 드러내기를 바란다고 논평하면서 여행시가 좋으니 계속 많이 쓰라고 조언해 주셨다. 여행은 내 인생의 중요한 부분으로 시와 함께 스케치로 싣기도 했지만 이 선집에는 뺄 수밖에 없다. 또 내 인생의 역정에서 만나 고인이 되신 분들에 대한 조시(弔詩)를 100여 편 썼으나 아직 시집으로 엮지 못했다.

그동안 낸 시집들의 연도순으로 각 장을 구성하였다. 전부 실을 수도 없고, 다시 좀 손을 대어 다듬기도 하였다. 자기 시를 바르게 간직한다는 것도 쉽지 않다는 것을 새삼 느낀다. 늘상 부족하다고 느끼면서 포기할 수 없는 것이 시 아닌가 싶다. 기록성을 위해 시 쓴 날짜를 적어두는 습관도 그대로 살렸다.

마지막 장의 동시는 동시집으로 발표하지는 않았지만 어릴 적부터 옹달샘으로 간직해 온 세계를 확인하기 위하여 실었다. 지금도 서울에서 어린이 마음으로 동시를 이끌어주시는 은사 신현득 선생님께 이 자리를 빌려 다시 깊이 감사드린다.

2020년 9월 10일

청리(青里) 최종고(崔鍾庫)

차 례

Ⅴ. 중국 여행(2005) • 83

Ⅵ. 시 쓰는 법학자(2007) • 103

Ⅶ. 아름다워라 프라이부르크(2009) • 123

Ⅷ. 춘원 따라 러시아 기행(2014) • 145

Ⅸ. 괴테의 이름으로(2017) • 161

Ⅹ. 캠퍼스를 그리다(2016) • 187

XI. 펄 벅 사랑하기(2018) • 219

XII. 공간시낭독회 • 243

I

법 속에서 시 속에서

1960년대 서울법대생 시절에도 '낙산문학회'를 통하여 몇 편의 시를 썼고 시화전도 했다. 1980년대부터 모교 법학 교수로 30여 년간 재직하면서 내가 해야 할 과제의 하나는 법을 이론과 논문으로만이 아니라 시로 나타내 보려는 것이었다. 그래서 쓴 시들을 『법 속에서 시 속에서』(교육과학사, 1991)라는 첫 시집으로 내었고, 심지어 내가 쓴 법학 교과서에도 장(章)마다 장식으로 싣기도 하였다. 법을 시로 쓰기는 쉽지 않지만, 박경리 여사께서 "이 세상 어디 시의 테마가 못 될 것이 있을까요"라며 격려의 편지를 주신 것이 큰 힘이 되었다. 그리고 신봉승 시인은 내 「시작법」이란 시를 읽고 내가 시를 쓸 수밖에 없는 사람이라 가가대소(呵呵大笑)했다고 전화를 주셨다.

법학 교수직을 정년한 후부터 이 방면의 관심은 식어진 건 사실이지만 완전히 잊을 수는 없을 것 같다. 아무튼 첫 시집은 출간의 기쁨이 가장 큰 사건이었던 것은 분명하다.

해암(海巖)

모국어를 아느냐?
육신의 벽
천년 파도에 조상의 빛깔을 아껴
핏빛 하늘에도 너 바위야

죄처럼 엉킨 생명
자질구레한 가능으로 취한 도회(都會)는
이방의 생산, 이방의 웃음들로 타오르는데

미리 눈치 챈 너는 오히려 겸허하게
벽을 안으로 안고 참 많이도 참아온 집념

생각노라면 아예 얄팍한 미련
스스로 휴지 조각인 양 해풍에 날리우고파도
굳은 책임에 박힌 뿌리야 역사만큼 슬펐더니라

밀려왔단 부딪치고
부딪쳐선 깨어지는 물결, 물결은 흐르는데
통곡으로라도 열고 싶은 마음
끝내 열리지 않는 곡절을 아느냐?

허물고 사라져버림이
도리어 안으로 차오르는 물결일 때까지
이 외론 바위 위에 고난의 삶 깃들이고
진정 모국의 계절이나 사랑하고 싶다

— 1968. 10. 4. 설악산 수학여행

혜화동 로터리 분수

분노는 솟아올랐단
스스로 정수리를 눌리우고

또 분노는 솟아올랐단
스스로 정수리를 눌리우고

데모대의 행렬은
정오를 건너고 있었다

— 1969. 법대 낙산문학회 시화전 출품

피는 꽃에서 잎이 이울 때까지

피는 꽃에서 잎이 이울 때까지
모르는 한 생명이 달린 것만은

그만큼 명민한 삶의 계산이
남몰래 조용히 흐른 연후에
다시 한 세상 건너는 꽃이여

그 길이 어딘지 모르지만
숱한 빛깔들이 왔다간
소리 없는 이름으로 돌아가는
생명의 신작로에 무슨 신비한 곡절이 있어
영원히 꽃은 지건만 영원히 꽃은 아름답고

어디 억조창생의 구원(救援)이라도
지는 꽃 한 잎에 얄팍한 비밀로 안고
피는 꽃에서 잎이 이울 때까지
모르는 한 생명이 흐르는데

— 1971. 3.

정의의 여신상

한 손에 저울을 들고
한 손에 칼을 들고

차라리 보이지 않아야 공평해
두 눈을 안대(眼帶)로 가리고
추상같이 엄격한 표정으로
허공을 향해 서있는 저 여성!

그래도 무엇이 사랑스러워
법원, 시청, 관공서마다 조각해 세운
유럽의 풍경을 아는 나에게
서울의 광화문 세종문화회관 뒤
대한변호사협회 마당에 선
세계에 전무후무한 정의의 여신상은
웃음과 울음을 되씹게 한다

안대도 없이 두 눈을 지그시 감고
온갖 수심에 차있는 보살 같은 여인!

한국의 정의의 여신은 준엄보다는
인정에 끌려 저리도 슬픈 여인인가?

>

외롭게 허물어지는 정의의 화신이
서울의 한복판에 서있는데
권력으로 정의를 사려는 자여
데모로 정의를 붙잡겠다는 자여
모두 이 앞에서 묵념이나 한번 올리세.

— 1991. 5. 5.

악법도 법인가?

"악법도 법입니까?"
학생이 질문하면

"악인도 인간인가?"
교수는 반문한다

이렇게 말문을 막는
수사(修辭) 후에 돌아서서

"악법도 법인가?"
법학 교수는 우울하다

— 1991. 5. 11.

법외법(法外法)

이사야 벤다산의 『일본인과 유대인』 속에
일본인은 법외법 속에 산다 했다

일본인만 그런가 한국인은
불법, 비법, 악법, 탈법…
얼마나 법외법에 살고 있나?

법 밖에 있는 법
그건 어떤 법이길래
법보다 오히려 끈질기게
우리를 얽어매는 법인가?

법외법이 펄펄 살아있는 한
'법의 지배'(rule of law)는 별 볼 일 없겠지
그럼에도 법치주의를 살릴 수 있는
법외법의 성제는?

— 1991. 5. 11.

시작법(詩作法)

어느 문학지를 훑어보다 무심코
모 대학교수이자 시인이 쓴
『시작법(詩作法)』이란 책 광고

문학서는 읽을 시간 없어
한탄하는 내가 왜 몰래 유혹되나?

그야 바로 책 제목 때문
세 글자 가운데 '법' 자가 있지 않나

시작(詩作)에도 법이 있다?
시의 원리, 시의 기술…
3부 15장으로 되어있다니

나같이 '법'쟁이가 사보면
시를 잘 쓸 수 있을까?
법대로 지으면 시가 될까?

— 1989. 11. 1.

신륵사행(行)

여전히 졸고 있었다

조사당(祖師堂) 한가운데
나옹선사의 실눈썹처럼

강월헌(江月軒) 기둥 사이
아지랑이처럼

강물에 씻어 흘러도
다시 돌아오는
역사의 구비 속에

졸려도 깊은 잠 못 이뤄
내려올 수 없는 처마에 매달려
바람에 흔들리는
물고기 풍경(風磬)

— 1990. 2. 28.

어중간(於中間)

내 철학이 무어냐고 묻는다면
어중간의 철학이라 할밖에

시골뜨기 서울 사람
동양과 서양
이성과 감정
사색과 행동
··············

어느 하나 분명히 내놓을 수 없는
어물쩡한 번지수에 서서

법과 시
또 하나의 어중간을 만든다

— 1991. 6. 26.

II

플루메리아 바람개비

1997년 가을 학기부터 1년간 하와이대학 한국학연구소(Center for Korean Studies)에 연구교수로 가있었다. 하와이는 한국과 자연환경이 너무 다르기 때문에 처음에는 이질감을 느꼈으나 시간이 지남에 따라 주체할 수 없이 시가 흘러나왔다. 시인에게 이런 때는 일생에 한 번 있다는 얘기도 들었는데, 시를 쓰는지 그리는지도 모르게 300편 이상을 썼다. 떨어진 플루메리아 꽃을 주워 바람개비를 돌리는 낭만을 생각해 『플루메리아 바람개비』(관악, 1999)라는 제목을 달았다. 그때 함께 시를 쓰고 읽던 '하와이한인문학회' 회원들과의 인정도 크게 작용하였다. 이와는 별도로 하와이에 살던 이승만, 박용만 등과 모윤숙, 서정주, 조병화 등 한국 시인들이 쓴 시들을 모아 『하와이 시심 100년』(관악, 1999)이란 시집을 엮어 가져가 시 낭독회를 갖기도 하였다. 그 후 애석하게도 이 시절이 'the good old days'가 되었지만, 나에겐 잊을 수 없는 인생 녹이다. 미당 선생의 시 한 편이 와이키키호텔 정원에 박혀 있듯이, 내 시 두 편이 한국학연구소와 와이파후(Waipahu) 한국인촌에 걸려 있어 지금도 가끔 소식을 전해 오면 반갑다.

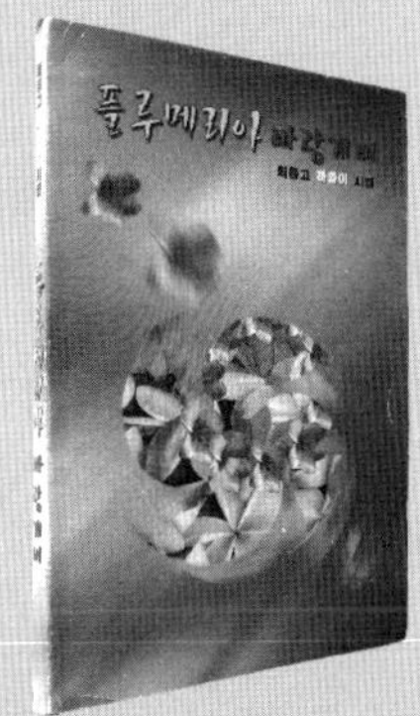

하와이 풍경

하와이 호놀룰루 국제공항
알로하 꽃목걸이 걸쳐 받고
서울서 입고 온 겨울옷
화장실에서 슬쩍 갈아입고 나면
몸도 마음도 춥게만 지내온
한국인이 잠깐 부끄러워진다

"벗어요 몸과 마음, 온갖 체면과 허식에서
그리고 참되게 적나라하게 살아요"
뜨거운 햇살로 비치는 양심의 소리 들으며
눈부신 자연 풍광 돌아보노라면

미국인지 아시아인지
폴리네시아인지
동서의 중간쯤에 부어놓은
잘 익은 햅쌀밥 같은 하와이

온갖 나무들에 꽃과 열매
새들은 큰 소리로 지저귀고
시원한 바닷바람
먼지 한 점 없는 도시

>

와이키키, 마키키
어딘지 킥킥 웃음 터질 것 같은
정겨운 이름과 얼굴들 속에서

사탕수수밭, 파인애플 농장
조상들의 피땀 어린 역사도 생각하며

우리 홀딱 벗고 부딪치고 가요
역사는 결국 진실 아닌가요?

— 1995. 2. 18. 《한국일보》 하와이판

대금 소리

하와이대학 기숙사 한밤중
어느 유학생 방에서 흘러나오는 대금 소리

중국인인지 일본인인지
한국인인지 그건 알 필요도 없고

나도 함께 심취하여
모든 정한(情恨) 날려 보낸다

동서양의 접점에서 듣는 대금 소리
너는 어쩜 이렇게도 심금을 울려주느냐

그래, 네가 바로 동양의 예술
동양의 마음이요 혼이구나

뻗어가라 구슬픈 곡이여
세월을 역사를 새로 주물러
심혼(心魂)의 역사를 재창조하라

— 1997. 12. 1.

후무후무 누쿠누쿠 아푸아아

하와이 주화(州花)는 히비스커스(Hibiscus)
하와이 주어(州魚)는 후무후무 누쿠누쿠 아푸아아
(Humuhumu Nukunuku Apuaa)

우리말로 번역하면
하와이주 주꽃은 무궁화
하와이주 주고기는 무궁어

후무후무 누쿠누쿠 아푸아아
흐물흐물 눕고눕고 아파아파

억지인 줄 알면서도 자꾸만
이렇게 번역되는 건 어쩜

우리 조상님들 처음 이민 와서
지 고기 떼들 물끄러미 바라보며
사탕수수밭 노동에 아픈 팔다리 주무르며
흐물흐물 눕고 눕고 싶었을 것 생각하며

와이키키 해변 부둣가에 앉아
하염없이 물속을 바라보며

무궁화에 무궁어
아전인수(我田引水) 즐긴다

— 1997. 1. 24.

초롱꽃

내 고향 청리(靑里) 서산(西山)
보랏빛 초롱꽃 보며
어린이 글짓기하며 자란 나

40년 인생길 돌며
순수한 마음 조금씩 깎아먹고

차가운 지식인
국적 없는 세계인으로 살다

반백(半白)의 나이 되어
하와이 마노아산 올라

연분홍 초롱꽃 보며
잊었던 동심 다시 찾네

초롱꽃은 여태나 청롱한 모습으로
내 동심 맞으러 서있었네

— 1998. 2. 16.

산이 날 에워싸고

석양의 마노아 계곡 잔디밭에 누우면
동서 사방 산이 날 에워싸고

"씨나 뿌리며 살아라"가 아니라
"책이나 보면서 살아라" 한다

한국선 대학교수라고 강의는 물론 책도 쓰고
때로는 정치가 싫어 신문에 글발도 날리고
험난한 한국 사회에서 '유명 교수' 명성도 이뤘지만

50의 천명을 알아야 할 나이 하와이 골짜기 와서
진종일 책을 읽다 저문 해를 맞으면

산이 날 에워싸고
"세계적 학자로 살아라" 한다
"한국은 잠시 잊으라" 한다

— 1998. 3. 11.

하와이 향기

하와이대학 캠퍼스에만도
5백 종의 꽃나무가 있다더니

석양에 가장 느린 걸음으로
천천히 캠퍼스를 누비면

향기가 몇 번이나 바뀌는지
딴 세상을 헤매는 것 같아

플루메리아 향기도 그렇지만
이름 모를 신비한 향기들이
어디론지 정신을 끌고 가

바람의 나라
바다의 나라
무지개 나라

먼먼 어디론가 끌려가
실컷 유혹당하는 것 같아요
향기가 이렇게 강렬한지는…

— 1998. 4. 15.

훌라춤

시원스레 훌렁 다 벗고
아랫도리만 이파리로 가리고

큼직한 엉덩이를 요란스레 흔들며
하늘 향해 열심히 손짓하는

꽤나 야한 듯하면서도
어딘지 성스러움이 숨겨진

저 춤을 대륙 선교사들은
당연히 금지시켰다는데

지금은 당당히 부활되어
하와이의 대명사

문명과 야만 사이의 폴리네시아
종교는 문명에만 있다더냐?

루돌프 오토(Rudolf Otto)의
'누미노제(Numinose)'*가 새삼 지나간다.

— 1998. 4. 18.

* 종교학자 오토(Rudolf Otto, 1869-1937)는 종교를 '두렵고 떨림'(Numinose)이라 했다.

하와이 비(雨)

하와이 비는 비도 아니다
꽃나무 물 주듯
길거리 청소하듯

한국식으로 말하면
노루오줌 누는 하와이 비

한번 비만 오면 작살내어
홍수 피해에 쩔쩔매고

IMF 경제에 시달리는 판에
지하철까지 쓸어버리는 한국 비

어느 쪽이 비의 진실이냐?

— 1998. 5. 7.

어떤 때는

어떤 때는 이름 모를 꽃나무
갖가지 향기 따라
하염없이 취하여 걷고만 싶다
오아후섬 한 바퀴를－

어떤 때는 태평양 바다
갖가지 열대어들과
물속에서 한없이 헤엄치고 싶다
물때 맑은 한 인어(人魚)와－

어떤 때는 뭉게구름 하늘에
마음 훠이훠이 날려
바다 넘어 온 세계를
둥둥 떠다니고 싶다
한국 위에선 좀 천천히－

— 1998. 5. 9.

하나우마(Hanauma) 해변에서

물안경 쓰고 숨통만 틔우고
열대어들과 함께 헤엄치노라면

바다 세계가 이런 것인가
아름답다, 신기하다, 황홀하다
이건 모두 육지의 표현

진정 하나우마를 표현할
바닷말이 필요하다

거기엔 언어도단(言語道斷)의 세계
그런 것이 있더라만 전하자

— 1998. 5. 23.

파고다 콜로퀴엄(Pagoda Colloquium)

세계 어느 캠퍼스에
이런 이상(理想) 이루었나?

경복궁 근정전(勤政殿)에 수덕사(修德寺) 합친 본관
향원정(香園亭) 파고다까지 별관으로 갖추어

조국강산 춘하추동
매란국죽(梅蘭菊竹) 한국화로 걸고
수시로 머리 모아 연구하는
하와이대학 한국학 연구소

하와이 한인사 1세기 바라보며
단산학회(檀山學會), 마노아 포럼(Manoa Forum) 전통 이어
교수, 학생, 방문학자들로
새롭게 시작하는 파고다 콜로키엄

일제하에 외쳤던 파고다 독립선언
IMF 통치에도 새로 피는 독립정신
각자마다 다양한 전공
학제적(學際的) 담론(談論)으로 승화시켜

>

팔각정 기와 추녀 끝
삽상한 플루메리아 향기 드높다

— 1996. 6. 6.

---

*이 시는 지금도 하와이대학 한국학연구소(Center for Korean Studies) 팔각정에 액자로 걸려 있다.

플루메리아 바람개비

하와이에서 제일 낭만스런 건
길 가다 떨어진 플루메리아 한 송이 주워

향기 한번 들여 맡고 버리지 않고
손가락 사이 바람 방향으로 향하면
어느새 바람개비 되어
뱅글뱅글 돌아가는 모습

시원히 부는 바닷바람
노란 꽃 쉴 새 없이 원을 그리며
네덜란드 풍차보다 더 아름답게
하와이식 낭만을 뿜어주어요

플루메리아 바람개비
낭만의 풍향계(風向計)

— 1998. 6. 17.

"아 좋다"

와이키키 맑은 물에 뛰어들어
어릴 적 개구리헤엄 치며
물속의 열대어 떼 구경하다
고개 내밀어 푸른 하늘 쳐다보면
아무리 참으려 해도 터져 나오는
"아 좋다" 한마디 한국말

미국 사람은 "It's nice"라 하는지
"It's beautiful"이라 하는지
아니면 "It's wonderful"인지 알 바 아니고

나는 그 다 섞은 의미의
"아 좋다" 소리치며
국적 있는 한 마리 물고기가 된다

— 1998. 6. 27. 《한국일보》 하와이판 게재

블루메리아 아줌씨: 미당 회상

신라 향가에서 시작하여
세계의 오지까지 샅샅 여행하신
코리아의 방랑시인 미당(未堂) 선생
하와이에서 보신 '블루메리아 아줌씨'

플루메리아 꽃은 하와이 여인을
"웃는지 우는지 모를 블루메리아 아줌씨"라 부른
시인의 심미안이 정곡을 찌른다

그래, 하와이 원주민들 여인들
플루메리아 꽂고 훌라춤 추지만
그들 웃음 속엔 울음이 고여 있고
울고 싶어도 웃어야 할 역사가 있지

미당이 그것을 알았는지 모르지만
시인의 혜안은 역사를 꿰뚫는다

블루메리아 아줌씨
역사의 여왕!

— 2000. 1. 30.

하와이의 괴테

괴테는 하와이를 아셨을까?
'알로하(Aloha)'를 아셨을까?

누구보다 새 천지를 그리며
마차 타고 전 유럽을 누볐던 초인(超人)

비행기는 상상도 못 하고
어찌어찌 배로 이곳까지 오셨다면

우선 그의 원초식물(Urpflanze) 관념이
흔들렸을까 깊어졌을까?

문명과 계몽의 사상이
전복되었을까 강화되었을까?

노력하면 구원받는다는
파우스트적 종교관마저 잠시 접어두고

일단 바닷가 야자수 그늘 아래
한숨 푹 주무셨을 것이다

>

그리고 슬슬 하와이대학 도서관에 가서
당신에 관한 360권 책들을 보고
약간 허허롭게 웃으실 것이다*

— 2003. 12. 9.

* 괴테는 직접 하와이에 오지는 않았지만 그의 시가 하와이 왕 앞에서 낭독되었단 기록을 읽고 쓴 시이다.

하와이 한인문학

— 하와이 한인문학동인회에게

한국을 떠나온 건지 반만 온 건지
그래도 낯설긴 마찬가지 하와이 땅에서

모국어로 시, 수필, 소설도 쓰고
주로는 마음 쏟는 한국말로 쓰고

사탕수수밭 사진신부 사랑과
선조들의 피어린 독립운동사

척박한 한인 역사 속에서도
시심(詩心)을 잃지 않던 전통 이어

우리는 노래해요
자연을, 역사를, 그리고 고향—

1,000당(天堂)을 노래할 순 없지만
999당은 노래할 수 있지요

우리의 손, 우리의 마음이 닿는
문학의 바닷물이 마르기 전에는—

— 2003. 12. 29.

* 이 낭독시는 그 후 『하와이 시심 100년』(관악, 2010)에 실렸다. 하와이에는 뱀이 없어 1,000당에서 하나 빠진 999당이란 조크가 있다.

100년의 와이파후(Waipahu)

한반도와 미 대륙 사이
태평양 한가운데

오아후섬 와이파후
사탕수수 농장마을

한국인의 피땀 속에
사진신부 사랑도 익어

아들딸 한인사회 이뤄
당당하게 살고 있으니

아, 한국인의 와이파후
100년의 삶 자취는

애환의 역사 –
환희의 역사 –

한국 해와 하와이 달이
번갈아 뜨고 지며

>

무궁화와 플루메리아 향기
영원히 지켜가리

— 2003. 1. 13.

* 이 시는 와이파후 플랜테이션 빌리지(Waipahu Plantation Village, 초기 사탕수수 밭 개척 마을)에 액자로 걸려 있다.

Ⅲ

동서의 길목에서

2004년 봄 문득 그동안 세계여행에서 쓴 시들을 모아보자는 생각으로 『동서의 길목에서』(관악)란 '최종고 세계여행 시집'을 내었다. 유럽 편, 미국 편, 중국 편, 일본 편 등으로 나누어 모두 489편을 실었다. 물론 작은 글씨로 연달아 빼곡 채웠다. 널리 알릴 필요도 없어 한정 부수만 만들어 지인들에게 선사하였다. 지금 보면 시집이라기보다 일기 혹은 자료집 같다. 그만큼 젊은 시절 교환교수로 나가거나 방학이면 거의 해외에 나가 지내며 보는 대로 시를 열심히 썼던 것이다. 여행시는 보는 사실과 느낌을 어떻게 조화하느냐에 묘미가 있다. 내 머리 속에는 항상 '동과 서 East and West'의 상념이 머물러있었다. 이것이 내 스타일이라면 스타일이다. 요즘 코로나 팬데믹을 겪으면서 새삼 여행시의 의의를 생각하게 된다. 언제 이런 세계여행시를 쓸 날이 다시 올는지.

기차 타고 라인강

— 로렐라이를 지나며

유럽 여행에서 뭐니 뭐니 해도
가장 쾌적하고 낭만적인 건
도이치반(DB) 일등칸 타고
식당차에 건너가 라인강변 바라보며
커피 한 잔 마시는 것

코블렌츠(Koblenz) 지나 강 물살이 빨라지면
로렐라이(Lorelei) 보려고 창문을 열고

"암초는 바라보지도 않고
언덕 위만 쳐다본다"던
하이네의 시구(詩句)를 생각는다

내 이미 십수 차례 경험을 했건만
"알 수 없는 일이다"(하이네)
왜 이곳이 매번 나를 매료시키는지?

— 1989. 8.

런던탑에서

까마귀 소리가 들린다
날개 잘린 까마귀 소리

그건 잠든 영혼을 일깨우는
김현승의 까마귀 울음도 아니고

모어(T. More)를, 메리(Mary)를
목 쳐 죽인 시신(屍身)을 파먹던
역사의 망령의 울음소리다

역사는 흘러 대영제국이 되고
또 흘러 지구 가족이 되어도

까마귀 소리는 그치지 않는다
날개 잘린 그 까마귀 소리-.

— 1989. 8. 16.

까마귀

까마귀 싸우는 골에
백로야 가지 말라고

초등학교 때부터 배운
어느 먼 나라 사람

독일의 평화로운 바덴 지방
들판에 나르는 까마귀 떼 보며

재수 없는 흉조라고 정죄할 주제도 못 되고
오히려 자기가 못 이룬 통일 위업 이룬
독일 사람, 독일 자연 부러워하며

자기 나라 까치만 사랑할 수도 없고
동서의 까마귀
남북의 까치

착잡히 얽히는 감회
머리에 용솟음치는데

까치와 백로의 논리로는

설명할 수 없는 세계 앞에
망연히 서서 까마귀 고공무(高空舞) 쳐다본다.

— 1999. 1. 31.

슈프레(Spree) 강변에서

통일독일 수도 베를린
복구되고 재건되는 것도 많지만

슈프레 강변 달맞이꽃
린덴바움 가로수 밑에 앉아 쉬노라면

언제 여기 분단과 통일 지나갔나
그대로 자연, 그대로 푸름인데

강물은 흐르는지 흔들리는지
떨어진 나뭇잎 움직임 따라

물오리 떼만 유유히
시간을 삼키고 있구나

슈프레강에서 라인강까지
라인강에서 한강까지

얼마나 많은 강과 바다
넘어야 할 흐름이 있겠지만

>

한번 이루고 나면
이렇게 유유한 통일인가?

슈프레 강변의 한국인
천길만길 상념이 착잡하다.

— 2001. 6. 28.《베를린한인회보》

벙커 힐(Bunker Hill)에서

— 구당(矩堂) 유길준(兪吉濬)을 생각하며

보스턴서 북쪽 찰스타운(Charlestown)
이름도 찰스강 따라 지은 것 같은데

이곳이 1774년 6월 17일 영국군과 격전지
기념탑 세우고 공원으로 만들었다

한국인에게 가장 인상 깊은 것은
1884년 가을 구당 선생 보빙사(報聘使)로 이곳에 오서
감회를 한시(漢詩)로 한 수 읊었는데
"누가 나그네의 끝없는 시름을 알리요
비석(碑石)을 읽노라니 해는 서(西)로 지고 물은 동(東)으로 흐른다"

100년이 더 지난 오늘 먼 후배로 와서 보니
산천도 바뀐지 동류(東流)는 보이지 않고
석양에 저녁바람만 스산히 스친다

옛날의 모습을 보려면 길 건너
'벙커힐 박물관'에 들어가 봐야겠지만
예고 없이 찾아온 한국인 위해
이 시간 문 열려 있을 리 없다

>

로건(Logan)공항으로 앉고 뜨는 비행기들도
구당이 보지 못한 그 사이의 변화이겠고
보스톤시 한국인들 진치고 사는 일 상상도 못 했으리

운동화 반바지 차림의 내 행색이 구당의 의관(衣冠)과 전혀 달라
동네 아이들 숨바꼭질하다 내 등 뒤에 와 숨기도 하고

동(東)과 서(西)가 다를 바 없는 지금 공연히 감상에 젖는가?
구당의 족적 따라 일부러 찾아온 내 뇌리에는
역사의 현존이 분수처럼 솟아오른다.

— 1988. 6. 21.

워싱턴 정경(情景)

포토맥(Potomac)강변 벚꽃은
사쿠라같이 피지만

실버 스프링(Silver Spring) 배꽃은
무궁화같이 피네요.

미국 하고도 서라벌
번쩍이는 대리석 조각들도 많은데
한국 가게 간판도 띄엄띄엄 보이네요

제주도에 간 클린턴(Clinton)을 안방에서 볼 수 있고
곰탕에 순댓국도 한 블록이면 먹을 수 있는

미국 서라벌은 역시 없는 것이 없네요
거기다 금상첨화(錦上添花) 한국식 인정 배꽃처럼 피네요.

— 1996. 4. 18.《워싱턴한인회보》

구키 슈조(九鬼周造) 묘비

일본의 고도 '철학의 길' 중간
호넨인(法然院) 묘지에 선
일본의 대표적 철학자 구키 슈조 묘비

선배 동료 니시다 기타로(西田幾多郞)가 쓴
새털 같은 초서체로
내 마음 찌르는 괴테의 시구

"기다려라 머지않아 그대 또한 쉬리니"
먼 독일의 괴테를 동양의 심장에 심었구나
나보다 괴테를 더 좋아한 일본인이 있었구나!

— 2000. 8.

가쓰라가와(桂川)에서

산은 산이요 물은 물이지만
산이 있어야 물이 있고
물이 고여야 강이 된다

교토 북변(北邊) 아라시야마(嵐山) 아래
풍광 좋은 가쓰라가와 도게쓰교(渡月橋)에 서면

산자수명 흐르는 물소리
어디선가 노랫소리 들린다

이난영의 '목포의 눈물'도 아니고
이미자의 '동백 아가씨'도 아닌
미소라 히바리의 '흐르는 강물처럼'

물 따라 인생도 흐르고
모든 것 덧없이 흐르고 흐름을

산자(山紫)해야 수명(水明)함을
저릿하게 느끼는 하루.

— 2000. 7. 30.

라쿠시샤(落枾舍)에서

감이 떨어지는 집이라!
17세기 일본 시인들 하이쿠(徘句) 짓던 곳이라

바쇼(芭蕉)와 제자 고라이(去來)가 쓰던
삿갓과 도롱이도 벽에 걸려 있고

방에는 앉은뱅이책상 하나
찻잔은 두 개

시(詩)란 무(無)에서 와서
무(無)로 돌아가는 날개인가
소리인가?

감 떨어지는 집이라면
상주(尙州)에서도 감나무집 아들로 큰
나도 오늘은 라쿠시샤(落枾舍) 수인 되어
하이쿠(徘句) 아닌 시구(詩句)를 쓰는

분위기는 대충 같은데
남기는 데 차이가 있구나.

— 2000. 8. 5.

화가산하(和歌山河)

— 이진영(李眞榮) 부자(父子) 회상

경상도 영산(靈山) 산자락에 살다
임진왜란으로 일본으로 끌려와
이곳에서 대(代) 이어 산 조선인

다행히 유학(儒學) 학문을 인정받아
화가산번(和歌山藩) 도쿠가와(德川吉宗)까지 가르치고
가이겐지(海善寺) 묘지에 묻힌 조선인

400년이 지난 경상도 후배로
작년엔 영산의 선생 고향 찾고
오늘 이곳 화가산(和歌山) 묘지 찾아보니

한일 관계란 멀고도 가까운 역설
어떻게 풀어야 할지 새삼 착잡하다
땅속에 잠든 선생은 뭐라 하시는가?

여행길 발길 돌려 다시 기차 타고
애잔한 와카야마 산천 내어다보니
자연 위에 인간사 한 구름.

— 2000. 8. 10.

원추리꽃

내 어릴 적 먼 고향 땅
긴 겨울 지나 첫 봄소식은

언 땅 열고 뾰족이 돋아나는
노란 원추리 새싹이었지

나팔꽃같이 확성기같이
뭔가 외치려는 듯하면서도

기품 있고 점잖게
안으로 고개 숙인 원추리꽃

산타클라라대학 캠퍼스에 오니
겨울에도 지천으로 피어있구나

어쩜 나도 네 모습대로
평생 대학에 몸담고 살면서

뭔가 주장하며 살면서도
항상 안으로 고개 숙여야 하는

>

그래서 쉬임 없이 갈고닦아야 하는
인간 원추리꽃

마음으로 통하며 이 겨울을 넘기자.

— 2002. 1. 27.

예루살렘 통곡의 벽에서

울어라, 실컷 울어라
울 수 있는 건 행복한 일이다
사람이 어찌 뜻대로만 살 수 있으며
나라도 어찌 홍망과 성쇠가 없을쏘냐
더구나 수천 년 나라 잃은 유대민족
세계에 흩어져 갖은 고난 다 받고
가까스로 조국을 세워 놓았으니
솔로몬의 영화 생각하며 통곡이 안 나오리

우는 건 차라리 낫다
속으로 한(恨)을 키우는 것보다
어떻게 한(恨)을 울음으로 바꾸나
한국인이 풀어야 할 숙제이다
통곡의 벽에서 나도 울고 싶다
메시아가 누구인지는 잠시 접어두고*

— 2009. 1. 14.

---

* 2009년 1월 4일부터 두 달 동안 이스라엘의 텔아비브대학과 예루살렘 히브리대학에서 법철학을 강의하였다. 이때 쓴 시와 그림으로 예루살렘 한국문화원에서 시화전을 하였고, 서울에서도 두 차례 하였다.

인도 야생화

먼먼 이국에서 특히 반가운
들풀꽃 야생화들

어떤 건, 아 이것도 있구나
어떤 건, 뭐 이런 게 있나

야생화 친구들아
진짜 친구 같은데

어떤 건 몽고 풀꽃보다 쇠잔하고
어떤 건 하와이꽃처럼 현란하구나

인도 야생화를 그리기에는
아직 생소한 느낌—*

— 2011. 2. 22.

---

* 2011년 2월 14일부터 3월 5일까지 인도 서부 구자라트주의 간디나가르(Gandhinagar)에 있는 국립법과대학교(Gujarat National Law University)에서 〈동아시아법철학〉을 집중 강의하였다. 인도는 초행이기 때문에 낯선 인상과 경험이 많은 시를 낳게 했다.

IV

우면산

1987년부터 방배동에 살면서 가까운 우면산(牛眠山)에 자주 오른다. 다녀오면 시 한 편이 생길 때가 많다. 그것들을 모아 『우면산』(관악, 2005)이란 시집으로 만들어 주변에 나누어주었다. 2011년에 우면산 폭우 사태로 안타까운 심정을 담은 시들을 써서 증보판으로 낸다 하면서 이루지 못했다. 여기에 이들을 함께 몇 편 싣는다. '서초문인협회'에 소속되어 이런 시들을 소화할 수 있어 좋기도 하다.

우면산 아래 국립국악원이 가까워 틈날 때마다 명인뜨락에 앉아 시를 쓰기도 하고, 국악박물관에 들어가 국악을 듣기도 한다. 이렇게 인생의 만년에 풍류를 가까이하는 것을 낙으로 알고 감사한다. 이런 정서를 담는 시들은 앞으로 더욱 많아질 전망이다.

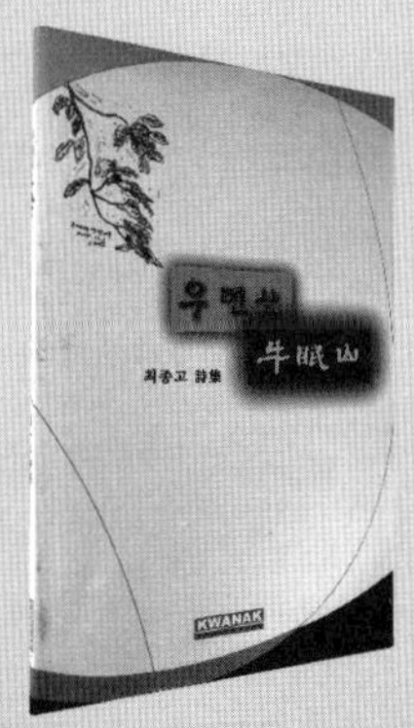

소망탑의 소망

오늘도 내 앞을 그냥 지나가지 못하고
돌멩이 하나 얹고 두 손 싹싹 비는 사람들아
그대들은 오늘 절간에도 갔고
어제는 교회에도 갔었는데
무엇이 부족해 나에게 또 비는가?

돈 없이 공짜로
돌 하나로 빌 수 있어서인가?
뭐라 뭐라 고해하지 않아도
소리소리 기도하지 않아도
돌 하나로 간단히 빌 수 있어서인가?

그런 쉬운 신앙은 없다더라
나도 만만한 돌무덤은 아니다
그저 적선하는 거지처럼
묵묵히 돌멩이만 쌓여가는
나라고 마음이 없겠느냐

그래도 받는다, 주는 대로 받는다
내가 돌이라면 너희도 돌멩이
아무튼 나 좀 무너지게는 말라.

— 2015. 1. 7.

마라난타여

마라난타여, 당신은 누구신가요?
인도인이신가요, 유대인이신가요?
아니면 유대계 페르시아인 정도?

기록엔 중국에서 백제로 전법 왔다고
일연(一然)의 『삼국유사』에 적혔을 뿐
시대는 천년을 거슬러 올라가고
왕조는 그 후로도 몇 번 바뀌었건만

지리적으로는 여전히 이곳 우면산
약수 먹고 풍토병을 고치셨다고
지금도 대성사(大聖寺)에 적혀 있는데

한국에 온 유대인 연구하다 보니
당신은 어쩜 black Jew 아닐까?
묵호지(墨胡了) 혹은 흑호자(黑胡子) 모두
black Jew 혹은 Buddhist Jew 아니실까?

역사학자나 불교학자가 들으면 깜짝 놀랄
이 원초적 의문을 품고 산 지도 수십 년
심증은 가는데 물증이 없다고

학자들은 모두 고개를 저으며 웃고 마는데

마라난타, 당신은 얼마나 검었나요?
당신의 코는 어땠나요?
당신은 누구신지
직접 말씀해 주실 길은 없나요?

오늘도 대성사에서 묻고 갑니다.

— 2015. 1. 10.

우리 길(Our Way)

내 길 찾자 하여 한평생 달려온 길
좁은 길이 옳은 길이라 위로했지

나이 들어 다시 내 길 돌아보니
좁은 길로 간 이들도 적지 않네

뒤늦게 우리 길 들어서 보니
그게 틀린 길도 아니고
내 길과 다른 길도 아니네

함께 가는 이에게 정답게 인사하고
물 한 모금이라도 나누어 마시며

좀 더 천천히 걷고 싶을 뿐이네
목적지는 생각하고 싶지 않네

가끔 성호는 긋지만 –

— 2015. 3. 14.

유점사(楡岾寺) 약수터

금강산 유점사는 전란에 무너졌고
우면산 유점사는 어느 때 사라졌나
이름만 남은 허허 유점사 약수터

마라난타의 풍토병을 다스렸단
약수터마저 폭우 사태에 망가졌건만
여전히 약수 찾는 발길 잇는다

팻말만 사태 이전과 이후를 연결시킬 뿐
오동나무 둥치는 온통 속이 비었고
오늘은 어느 가지가 고사(枯死)할까

약수는 깊은 지하에만 흐를까
아랍 독감을 치료할 약수는 없는가

옛 팻말 옆에 쪼그려 앉으니
마른 풀숲 위로 무더운 바람만

— 2015. 6. 27.

늦가을 진달래

어쩌자고 지금 피었느냐
너무 늦게 핀 거냐 일찍 핀 거냐
종잡을 수 없는 기후에 뒤흔들려
꽃망울을 터뜨리고 말았느냐

지구온난화에 게릴라성 폭우
인간도 계절을 잃고 사는데
너도 잠시 맥을 놓았더냐
순간 눈이 멀었더냐

낙엽 위에 가녀린 꽃망울
보기에도 애처로워
내 점퍼라도 벗어 줄까

한겨울을 버텨야지
이미 태어난 목숨
무엇을 탓해

이 악물고 살아야지
내년 봄 친구들 만날 때까지
어찌어찌 살아만 있으련

너만 계절의 미아 아니라
인간도 모두 미아란다

— 2015. 11. 15.

우면산 특별재난

2011년 7월 27일 아침 8시
하늘이 뚫리고 물기둥이 섰다

76군데서 동시다발
물벼락을 맞았다

군사시설의 위력인지
이내 특별재난지역 선포

우면산은 구제되었다
천재(天災)인지 인재(人災)인지

인간의 싸움은 뒤에 하고
우선 살아서 좋았다

— 2019. 10. 25.

명인뜨락의 처용랑

— 심소 김천흥(1909-2007) 선생 회상

어쩜 고대 유대나 페르시아에서 첫발 내디뎌
첩첩 실크로드 따라 한반도에 이르러
종착역 경주에서 처용이라 불리다
조선조 마지막 순종 황제 앞에서
마지막 무동(舞童)으로 춘, 그 춤으로
하와이, 미국, 유럽 하늘로 나비처럼 날아다니며
처용무, 춘앵전을 한껏 선보이시더니

만년에 방배동 임광아파트에 사시다
마침내 우면산 자락 국립국악원 명인뜨락에
두상(頭像)으로 단아하게 서계시네요

손만 들어도 흥이요 발만 옮겨도 멋이라던
그 몸짓이 한국의 역사요
동서의 문명교류사였군요

선생님 앞에서 춤 한번 춰 일생에 얘깃거리 삼자던
그 문외한이 틈날 때마다 달려와 혼자서 춤추는
익명의 무동을 빙긋이 내려다 보시네요

이제는 한반도의 시름 잊으시고

신선으로 훨훨 우주를 춤추시며
가끔씩만 우면산 자락에 강림하소서

— 2016. 3. 25.

자는 소 등을 타다

남부순환도로에서 유점사 옛 절터 올라
과천행 남태령으로 빠질 수도 있지만

범바위 약수터 지나 소망탑까지 이르러
대성사 쪽으로 내려오면
어느새 예술의전당

가벼운 오르락내리락
등산로와 산책로의 중간

이렇게 걸으니 소가 놀라지 않는다
편안히 누워 계속 잔다

소의 잠을 깨우는 일은 없어야 한다
2011년 사태도 이제는 되새김질

우면산 잠자는 소 등을 탄다
아무리 떠들어도 잠은 깊다

— 2017. 5. 14.

우면산 바람

자는 소 콧구멍에서 뒷구멍까지
소잔등을 타고 흐르는 바람

노루고개에서 예술바위로
대성사에서 소망탑으로 불어 올라

예술의전당, 국립국악원 오면
한 가락 풍월로 휘몰아 돌아

유점사에서 범바위로
요새고개 넘어 남태령까지

우면산 바람은
소 콧구멍 바람이다
방귀도 아는 풍류 바람이다

계곡마다 한 쉼 기운을 불려
비스듬히 불어가는 느릉바람이다

소의 잠만 안 깨우면 된다
깼다 하면 열여섯 목숨도

삽시간에 삼킬 사태바람이다

— 2017. 6. 27.

＊2017년 가을 서초문인협회 시화전에 출품하여 시화등(詩畫燈)으로 만들었다.

판사도 버리고

— 하규일(1867-1937) 명인 추상

구한말 한성소윤에 한성재판소 판사
왈왈한 관직들도 팽개치고

소리가 좋아 춤이 좋아
이왕직 아악부에서 아악 가르치고
기생들 모아 조선권번도 세우고
71세로 하직하신 국악 선각자

성함조차 모르던 알량한 후배 법학교수
70을 넘기고 국악원 명인뜨락의 흉상 보고
내가 못 가는 길 가신 선배 우러러

율(律)의 길과 악(樂)의 길
세속적으로 어찌 평가될까만
관직도 버리고 악인(樂人)이 된 것
일세의 아픔도 한 원인이넌가요?

서울대 음악도서관에서
금하(琴下) 하규일 선생 약전 읽어봐도
불충분한 서술이 아쉽기는 여전 –

— 2017. 5. 22.

V

중국여행

1980년대부터 학술회의 차 중국에 다니게 되었다. 그때마다 보는 풍경을 시로 담았다. 마침 내 연구실 조교가 중국에서 온 조선족 학생이라 중국어로 번역해 주어『중국여행 中國之旅』(관악, 2005)이란 한중대역시집을 내었다. 그것을 들고 중국에 가면 중국 학자들이 무척 즐겨 읽었다. 그래서 증보판도 내고 꽤 보람을 느꼈다. 그 후 한중관계의 곡절로 주춤한 면도 있지만, '펄 벅 연구'를 통해 다시 중국과의 교류가 재개되었다. 그래서 후일 쓴 몇 편도 추가하였다. 내 시의 세계에서 빼놓을 수 없는 한 측면이라 생각한다. 한시도 시조도 쓰지 못하지만, 동양의 정서를 점점 더 생각하게 된다.

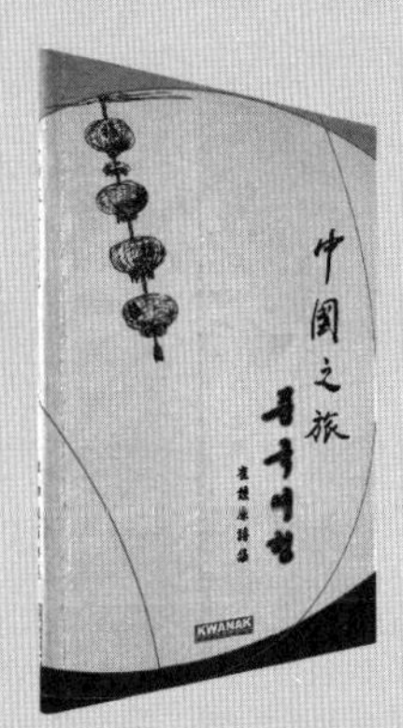

장강일회(長江一懷)

양자강 흐르는 물은
자연도 역사도 아닌
태고에서 당, 명, 청 거쳐
손문과 모택동도 거쳐

사회주의 물거품 속에
자본주의 껍데기도 싣고

바다로 가는지
탁류의 마곡(魔曲)임에도

짐짓 장강대교(長江大橋)에서
이백과 두보의 시 생각노라면

어둑한 강변에서
발길 떨어지지 않는다

— 1992. 10. 9.

만리장성의 눈

만리장성의 눈은
옆으로 누워 내리더군요

만리장성 성벽 사이로
뚫고 내리더군요

흉노족의 화살처럼
돌벽에 부딪치고는

어느새 바닥에서
녹아 없어지더군요

이제 생각하니깐
그게 당연한 일이건만
만리장성 위에선
엄숙하게 신비스럽더군요

지난날의 전쟁들
그건 만리장성의 눈발 아닌가요?

그리고 내일도 모레도 올 수 있는

눈발 아닌가요?

— 1992. 12. 9.

연경(燕京) 거리

북경의 천안문 가는
왕푸징(王府井) 대가(大街) 걸으며
사회주의에 문 닫힌 동당(東堂) 성당 지나
이슬람 호텔까지 오면

어느 먼 외몽골에서 온 듯
알래스카의 얼음집에서 온 듯
유럽인도 아니고 아시아인도 아닌
낯선 얼굴들에 섬찟-

두 세기 전만 하더라도
연경사신(燕京使臣)들이 눈 휘둥그레져
갖고 온 문물로 북학파(北學派) 이루던

역사의 후예가 관광객으로 걷는
연경 아닌 북경 거리는
또 다른 물결
세계사는 바쁘다

— 1992. 12. 10.

홍콩 반월(半月)

섭씨 33도, 습도 85% 무더위
단체 관광팀에 끼워도 마음은 낭만

제니퍼 존스의 〈모정〉 따라
"Love is a Many-Splendored Thing"
리펄스(Repulse) 해변 모래도 밟아보고,

빅토리아 만 〈홍콩명주(香港名珠)〉 뱃놀이
죽엽청주(竹葉淸酒) 석 잔에
아리랑 한국 춤도 한 판 추고

거나한 기분으로
물 건너 야경 바라보노라면

불빛 현란한 빌딩 숲 위에
계면쩍게 떠있는 반달이
웃는지 우는지
홍콩의 미련(未戀) 풀어주어요

영국에서 온 달인지
도무지 중국 달인지

밤바람에 술기운이 쪼금 가라앉을 때면
홍콩의 역사는 또 바뀔 것만 같아 –

— 1993. 7. 25.

마카오 거리는

마카오 거리는
경건하게 걸어야 한다

카지노 가까울수록
경건하게 걸어야 한다

김대건 신학생이
걷던 골목이라서가 아니라

포르투갈 유럽 문명의
잔광(殘光) 남아서가 아니라

찢어지는 세계사의
아픔 함부로 밟을 순 없어

중국의 피난민들
총 맞아 죽은 핏빛 바닷물

경제특구의 조류에 밀려
다시 내륙으로 뻗어간다 해도
마카오 거리는 무너지는 거리

>

다시 찢기는 지구의(地球儀) 위에
마카오 신사처럼 용모 단정 걸어야 한다
다시 역사는 경건하게 흘러야 한다

— 1993. 7. 28.

남경 가는 길

상해에서 남경 가는 버스 타고
해거름 차창 풍경 바라보노라면

허허벌판 갈대꽃 피고
허리 굽혀 일하는 농부들

마을에 피어오르는 연기
언덕엔 유유한 소 떼

펄 벅의 『대지』 같기도 하고
밀레의 〈만종〉 같기도 하고

역사와 전통 그대로인데
그래도 어딘가 서양의 그림자

십억 인구의 중국이
세계의 주역 되는 역사

어느 한 자락 보고 가는가?
분단된 쪼그만 조선 반도
아직도 통일에 안달하는 한국인아!

— 2000. 10. 15.

북경조조(北京早朝)

북경의 아침 공원에 나가면
남녀노소 함께 모여 라디오 틀어놓고

분명 파룬공(法輪功)은 아니고
쿵후 춤, 칼 춤, 서양 춤까지

댄스 체조로 온통 공원이
즐거운 한마당

사회주의 금줄 아직 걷히지 않았지만
갈수록 즐겁고 경쾌해지는 중국 사회

길거리는 여전히
차도(車道), 인도(人道) 외에 자전거도(自轉車道)로 삼분(三分)

자전거 타고 밀려가는
저 인파는 어디로 밀려가는가?

중국은 변한다
중국은 안 변한다

— 2002. 6. 27.

천단(天壇)에서

한껏 외쳐보아라
구중천(九重天) 하늘 향해

"황제 위에 상제(上帝)가 있다"
"중국 천하도 천국은 아니다"

"황제도 초라한 인간
수없이 죽어만 갔다"

반역의 소리
역리(逆理)의 소리
진실의 소리

바로 하늘로 통하는 곳
여기도 진리는 하늘에 있구나

— 2002. 6. 29.

호주야경(湖州夜景)

"국파산하재(國破山河在)"
두보(杜甫)의 소리가 들린다

태호(太湖)의 망망함 아니라도
수로(水路)마다 등불 밝히고

배 띄워 한잔 기울이고
이런 낭만 어디 있나

나라가 무엇이냐
삶이 먼저 있지
사는 게 곧 나라지

중국 남도(南都) 호주(湖州)의 밤
내 법철학을 되씹는다

— 2003. 10. 19.

봉래각(蓬萊閣)에서

때때로 '해시(海市)'라 불리는 신기루(蜃氣樓)가 뜬다고
언젠가 팔선(八仙)이 바다를 건넜다고

소동파(蘇東坡)도 몇 수 읊었다고
시인 묵객 줄이어 다녀간 곳

21세기 국제 방랑 시인
나 어찌 아니 올쏘냐!

광활 대륙에서 모든 것 자급자족해도
산동(山東)에서만은 바다 건너 멀리

조선과 일본을 그릴 수 있는
겸허한 동경(憧憬)이 문명 아닌가

중국인이여, 그대는 보이는가
팔선(八仙)이 찾아온 불로초(不老草) 나라
무궁화 피고 지는 나라

— 2004. 5. 31.

용산사(龍山寺)에서

그것이 불교인지 도교인지
고상하게 묻지도 마라

기기묘묘하게 결합되어
교리가 어떤지 관심도 없고

뒤집고 들어가기도 힘들게
운집하여 독경하는 신도들의 함성
광신은 한국에만 있는 게 아니구나

나라 잃고 섬으로 쫓겨 온 중국인들
새 나라 살림 시작했건만
타이완도 영혼이 배고픈 나라

향내 진동하는 용산사 마당에서
전투적 신앙심을 관망하며

종교도 민족과 개인의 수요 공급
묘한 역리(逆理)에 착잡하다

— 2004. 6. 5.

싸이전주(賽珍珠) 문화공원

펄 벅(Pearl Buck) 집을 문화공원으로 오픈하는
진강(鎭江)시의 역사적인 날

대한민국 초청인으로 개막식에 가니
안내원 아가씨들 빨간색 유니폼에
트레비 분수 인공폭포 앞에
인어공주 같은 펄 벅 상

분수는 인공 분무로 무드를 내고
언덕 위 '싸이전주고택(賽珍珠故居)' 옆에
기념관도 번듯하게 지었다

'문화인교(文化人橋) 싸이전주(賽珍珠)'로 동서(東西)를 이으려는
거대한 청사진이 눈앞에 보인다

중앙 정치인가 민심 정치인가?
나도 저 다리를 건너야 하나?
한국인의 다리를 따로 놓아야 하나?

보고 느끼며 놀라고 심란하다

일단 정치 아닌 문화는 동참해야지!

— 2017. 9. 6.

임시정부 사료 진열관에서

진강시에서도 어찌 하필 이런 골목길 속에
임시정부 청사를 마련했던가?

꼭꼭 숨어라 일본인한테 들킬라
유대인, 이슬람인 사는 청진사(淸眞寺) 동네

들어와 보니 그런대로 마당도 있고
벽에는 김구 선생 사진 외에도
최치원, 이재현, 김종직의 사적도 적혔고

펄 벅이 1938년 중국신문에 쓴
'조선은 응당 독립해야 한다(朝鮮人應該自治)' 논설도!

골목길 찾아온 보람 있다
내리는 보슬비에 성재희 노래도 불렀다.

— 2017. 9. 6.

진강별곡(鎭江別曲)

양자강 한 줄기 진강시
등운산(登云山) 언덕 선교사댁
푸른 눈 갈색 머리 중국 처녀 살았네

숭실여중(崇實女中) 다니며 한자 익히고
『수호전(水滸傳)』 깡그리 영어로 번역했네

영어로 쓴 『대지(大地)』로 노벨상 타고
80권의 소설을 쓴 가운데
『살아있는 갈대』 한국도 있었네

일본에 의해 짓밟힌 한국이 불쌍해
독립을 주장한 글발도 날렸네

나는 처음 와본 진강시
고층 건물 하늘로 솟고
새 시대를 나아가고 있지만

원래는 시인 묵객의 풍수
왕휘지 서필의 중심지라는데

동서 가교의 새 역사에
나도 거기 서있네

— 2017. 9. 7.

VI

시 쓰는 법학자

2007년 회갑 기념으로 『시 쓰는 법학자』(관악)란 시집을 내었는데, 신작들과 함께 전에 쓴 몇 편들을 실었다. 발문을 써주신 같은 대학교의 김용직(1932-2017) 교수는 나를 군자불기(君子不器)에 비유하면서 현대시의 난해시가 아닌 생활시로서 평이한 가운데서 새로운 가능성을 본다고 평해 주셨다. 그 가능성을 얼마나 감당하고 있는지는 지금도 과제이다. 그때 회갑 기념 드로잉전시회도 하면서, 나의 드로잉, 스케치들이 변화한 모습도 보여 주었다. 언론인 작가 동촌(東村) 김용구(金容九, 1929-2019) 선생의 격려가 지금도 잊히지 않는다. 이런 인연으로 글과 그림을 함께한 이연호(李淵瑚, 1919-1999) 목사화가의 전기도 쓰게 되고, 괴테의 그림을 더욱 모사(模寫)하려고 노력하기도 하였다. 아무튼 인생의 마디에 시(화)집을 내어 나누는 것은 나름 보람된 일이었다.

청리(青里)

청상 골짜기로부터
솔 나뭇짐 위에 꽂힌
진달래 꽃다발을 따라
수상 냇가 외나무다리까지 날아온
호랑나비 한 마리

여름밤 총총한 별 헤아리다
잠이 들던 은모래밭과
비가 오면 냇물이 불어
낙동강에서 거슬러 오르던 잉어떼

서산(西山)에서 율리(栗里)로
해 지는 들녘에 황금빛 이삭과
알알이 벌어지는 밤송이랑
마을마다 피어오르던 저녁연기

대숲에 흰 눈이 내려 쌓이면
참새들도 포근히 깃들이고
긴 겨울밤 가마니를 짜며
한 사발씩 퍼다 먹던 물김치

— 1987. 10. 6.

존재의 나무

나무가 서있다
봄여름뿐 아니라 겨울에도
나무는 언제나 거기 서있음에도
사람들은 무성한 잎만 쳐다볼 뿐

존재는 없지 않고 있음에도
사람들은 존재를 외면하며 살고 있다

법은 당위(當爲)를 명령하고
거슬리면 형벌을 내린다

화가들은 존재를 즐겨 그리지만
때로는 함부로 망가뜨리기도 한다

언어도 마찬가지 –

존재는 떠날래야 떠날 수 없이
머물러 있는 운명과도 같은 것

존재의 집 속에 있는 나도
나를 떠날 수 없이 사는 것인데

어디서 무슨 구원(救援)의 종소리라도 들렸으면
바라는 것도 내 존재의 마른 목소리 -

— 2003. 11. 13.

한강에서

— 구상(具常) 선생 회상

저도 선생처럼 강을 좋아하여
심연옥의 '한강'을 비롯하여
먼로의 '돌아오지 않는 강'
히바리의 '흐르는 강물처럼'을
수시로 흥얼거리며 살아오면서

방배동 우면산방(牛眠山房)의 주인으로
한강 변 관수재(觀水齋)를 찾곤 했지요

선생이 가신 지 1주년 지나
인물전기학회에서 추모회 갖고
이제야 찾아본 선생의 시비(詩碑)

불후의 시 「강」과 「강가에서」가
유달영 선생의 친필로 써있군요

선생은 한강 변에 살면서
육신만 강과 함께 산 것 아니라
마음을 늘상 씻어내면서
'그리스도 폴의 강'을 노래하셨지요

>

혼탁한 서울 생활 속에도
이런 청정한 성역이 있어

한강은 유유히 흐르고
역사는 조금씩 나아가는가요?

— 2005. 6. 18.

히나노 니나노

히나노 한 잔에
니나노 한 가락

타히티산 맥주
이름도 좋다

맨몸에 이불 한 장
바히네(여자) 머리 위에
흰 꽃 네 송이

꽃 이름인지 처녀 이름인지
내 알 바 아니고

모레아섬 쿡베이(Cook Bay)
타히티 맥주로 흥 돋우며

아리랑처럼 진한
히나노 니나노

— 2006. 2. 6.

마우루루

타히티 가거든 무조건
"마우루루", "마우루루" 하라고

"땡큐" 하지 말고
"마우루루"만 하라고

한번 해보았더니 정말
허벅진 웃음의 "마우루루" 되돌아온다

어딜 가나 가는 정에 오는 정
그렇게 무표정한 타히티인들도

문명에 강간당해
눈물 글썽하는 표정처럼

부잣집 맏며느리같이
펑퍼짐한 콧등, 입술, 엉덩이

이 모든 낯섦도
"마우루루" 한마디에 우루루 무너지네
"순진한 바히네"라더니…

— 2006. 2. 6.

부갱빌(Bougainville)공원에서

타히티를 제2의 에덴동산으로
바히네를 제2의 이브로 미화시켜

수많은 유럽인을 타히티로 질주시키더니
드디어 파페테시립공원의 이름도 차지하고
높다란 석주 위에 동상으로 서계시네요

오늘의 타히티가 당신이 그린 만큼
지상의 낙원인지 아니면
오염 문명의 마지막 종착역인지

당신은 말없이 동상으로
아래를 내려다보고만 있군요

먼 코리아의 한 인간도
당신의 꿈에 취해 이곳에 와서

마티스도 반년간 살고 간
바로 옆 호텔에 머물며
당신을 피부로 느끼다 돌아가오
우리는 꿈을 먹고 살면 되고

현실은 각자의 몫이라고요?

— 2006. 2. 10.

몽골 평원에 서면

어디선가 휙, 휙, 휙 채찍질 소리
흉노족인가 위구르인가

칭칭칭 칭기즈칸의
징 소리 같기도 하고

그 모든 것 바람 되고 빗물 되어
푸른 평원에 밤새 내려
말 잔등을 때리고

광활한 몽골 평원 모래바람으로
청동색 밤하늘에 조각달로 걸리는
유목민의 허허한 역사 소리

— 2005. 7. 7.

솔롱고스

그대들도 동쪽을 꿈꾸었구나!

서쪽으로 유럽까지 쳐들어가도
무지개의 나라
색동옷의 나라
코리안의 나라가 그리웠구나

내 코리안이라서인가
솔롱고스, 무지개족으로
불러주는 그대들 한없이 고맙구나

몽골 평원에 서서 보는 무지개
하와이 무지개와 또 달라

솔롱고스, 무지개 민족으로
빛나게 살 수 있길 갈망하노니…

— 2006. 7. 7.

몽골 야생화

세계 여행 많이 다녀봐도
야생화 탐방 프로는 처음
참으로 낭만이구나

넓은 초원 위에 무작정 내려놓고
야생화 즐기라기 눈 닦고 보니

'아아 으악새' 갈대꽃도 없고
남쪽 나라 찔레꽃도 안 보이는데

애잔하게 숨어있는
난쟁이 애기풀들

숱한 말발굽에 짓밟혀
아웅다웅 자란 개구쟁이 꽃들

말똥 먹고 자란
진짜 야생화들

— 2006. 7. 9.

도산서원 – 다산초당

한국 유학의 메카 안동 도산서원에 오면
퇴계 선생의 경건한 삶이 저려온다
'예던 길' 따라 고전으로 살던 그

그에 비해 다산은 어딘지 외도(外道)
질척인 상처가 아프다
어디 그러려고 그랬나
시대가, 정치가 그리 끌고 다녔지

도산서원과 다산초당 측량하면
한국 유학의 패러다임이 보인다

매화를 좋아하던 퇴계
국화를 좋아하던 다산
영남학파, 기호학파, 또 무슨 학파

학자들의 말장난에 속지 말고
안동과 강진을 자주 왕래하자

— 2006. 5. 6.

촉석루(矗石樓)에서

진주라 천 리 길 내 어이 와서
남강 변 진주성 촉석루 오르니

수많은 시인 묵객의 현판
강물 위엔 의암(義岩) 그대로 섰고

강낭콩보다 붉다던 변영로의 논개 시
의기(義妓) 아닌 의랑비(義娘碑) 지은 설창수 선생

'친일 화가' 김은호의 논개 영정도
다행히 무사히 걸려 있다

의기(義氣)는 이렇게 자연에 남아있는데
칼춤으로 다산(茶山)의 마음 사로잡은
조선의 미인은 어디로 갔나?

촉석루, 강물만 바라보고 가자
강물로 흘러버린 역사만 보고 가자

— 2006. 11. 11.

조선시를 쓴다

가는 길마다 시의 소재라던
다산(茶山)도 70세에야 일렀다
“나는 조선시를 쓴다”

비록 한문으로 시를 썼지만
그의 혼은 조선시

조선의 하늘
조선의 산천
그 아래 땅 파고 사는 조선 민중

그렇다고 애국시를 썼던가
오히려 썩은 나라 거침없이 비판시

죄인의 몸으로
시에서 자유를 찾았구나

조선시는 자유시
다산의 조선시를 배우자

— 2006. 5. 6.

노래정(老來亭)에서

정조대왕도 늙으면 이곳 오셔
조용히 노후를 지내시겠다고

수원행궁(水原行宮)에 노래정 짓고
뜰에는 가득 국화 심고

다산(茶山)이 국화를 좋아했듯
대왕도 왜 국화를 좋아했을까?

아니면 다산이 대왕을 따라
국화를 좋아했던가?

그건 아니겠지, 사람이 꽃을 좋아하는 건
무슨 이유가 없지, 그저 끌리는 마음

정조와 다산은 마음이 같았구나
두 분이 이곳에서 만년을 즐겼다면

괴테와 아우구스트공처럼
동양의 바이마르 인문학을 낳았을 텐데.

— 2006. 5. 17.

추사고택에서

"내 그림은 5백 년 가겠고
서적은 3천 권을 읽었다"

다산보다 24세 후배
아들 학연(學淵)과 친구지만

선생도 유배 생활 11년
다산과 닮은 점이 많구나

오늘을 사는 어설픈 한글세대인 나
추사체를 쓸 순 없지만 추사체로 살아야지

창조가 없으면 주검이다

— 2006. 8. 15.

흑산도 풀벌레

살아야 한다, 살아야 한다
목숨만은 살아야 한다

아무리 역사가 더럽고
살아가기 물구나무일망정

생명만은 모질게 붙여야 한다

새벽잠 깨어 듣는
흑산도 풀벌레 소리

저 소리로 50명의 유배자들
운명과 싸우다 다시 육지로

삶의 원초음
흑산도 풀벌레 소리

— 2006. 8. 17.

다산화사(茶山花史)

"산속 뜨락 두루 덮인 푸른 이끼
때때로 지나가는 사슴 발자국뿐"

다산의 꽃노래를 읽으면
그윽한 정취가 천연 조선시(朝鮮詩)

이런 시를 어떻게 쓸 수 있나?
체험하지 않고 쓸 수 있나?

다산초당 주변의 식물과 곤충
모두가 성스런 시(詩)의 불쏘시개

많은 역사 있지만
화사(花史)를 읽을 수 있어야…

— 2006. 8. 22.

VII

아름다워라 프라이부르크

2009년에 나는 『아름다워라 프라이부르크 *So schön ist Freiburg*』 라는 한독대역 시화집을 내었다. 제목이 보여 주듯 한국과 독일 독자를 생각해 시와 그림을 합친 꽤 호화판이었다. 프라이부르크대학 동문이신 동아제약의 강신호 회장께서 출판비를 지원해 주셔서 가능했다. 번역은 내가 2008년 한 학기 프라이부르크대학에서 강의를 하던 중 쓴 시들을 직접 독일어로 번역하여 독일 여학생과 함께 대화하면서 다듬었다. 지금 생각해도 아름답고 뜻 있는 일이다. 내가 틈틈이 시와 그림을 한다는 것을 알고 프라이부르크대 박물관과 동창회에서 전시회를 하라고 해서 2008년 9월 1~5일 시화전을 하였다. 그것을 관람한 독일인들이 한국 가거든 꼭 책으로 만들어 보내 달라고 했다. 이렇게 시화집을 내고 나니 심지어 방한한 독일 대통령에게도 선사하는 일도 생기고 나름대로 즐거운 일들이 많았다. 시와 그림의 즐거움을 함께 즐긴 추억이다. 그리고 지연의 의미를 되새기는 계기도 되었다. 그때는 수성 사인펜과 색연필로 그렸는데 요즘은 수성 사인펜을 동양화적으로 번지게 하여 그리고 있다. 아무튼 젊은 시절 유학한 프라이부르크는 세계 환경 도시 1위로 지금도 자연과 인생을 참신하고 자유롭게 느끼게 하는 '제2의 고향'이다.

하이데거의 들길

프라이부르크의 유학생 법학도로
왜 그리 흥분하였던지
철학자 당신의 죽음을

나치 시대의 전력(前歷) 때문에
그리도 냉랭한 분위기 속에서
메스키르히(Messkirch)의 묘지까지 찾아
뭣 땜에 참배까지 했던지?

내 알량한 철학 취미 탓?
한 거인의 종말을 목격하러?

그러나 지금 10년이 지나
당신의 「들길」을 읽으며
당신은 역시
들길(Feldweg)이나 숲길(Holzweg)에 있다고

그래서 슈바르츠발트를 그릴 때마다
당신의 이름이 떠오르는 것도
"슈바르츠발트의 에반젤리스트"
"존재의 목자"였던

당신의 실존을 추체험하는 것인가?

— 1986. 1.

엘자흐 마을에 오면

엘자흐(Elzach)에 오면
슈바르츠발트(Schwarzwald)하고도 첩첩 골짝
엘자흐 마을에 오면

머나먼 코리아 경상도 북부
상주, 안동 내 고향에 온 것만 같다

인간 사는 곳은 어디나
밥 먹고 일하고
잠자리에 들고

인간의 탈을 쓰고
때로는 온갖 짓도 하고 다니지만
살아가는 기본 질서는 같아

주경야독(晝耕夜讀)
외지게 돌아앉으면
나무 쪼아 탈바가지도 만들고

훠이훠이 귀신 물러가라
종교에도 맡겨 보고

>

살아있는 동안
맘 편하면 되지
큰 죄 안 짓고 살면 되지

훠이 훠이
엘자흐 마을 탈춤이나
하회 마을 탈춤이나!

— 1996. 3. 16.

드라이잠(Dreisam) 따라

흐른다, 걷는다
너는 흘러라
나는 걷는다

너는 어디서 왔니?
펠트베르크(Feldberg)

나는 어디서 왔나?
코레아(Korea)

너는 어디로 가니?
라인강, 아니면 도나우강

나는 어디로 가나?
다시 코레아 서울

그다음 너는 어디로 가니?
대서양, 아니면 태평양

그다음 나는 어디로 가나?
....

>

다시 너에게로 오리

— 1999. 1. 31.

은자로(隱者路)

프라이부르크에서 드라이잠 강물 따라
카이저스툴(Kaiserstuhl) 쪽 얼마 걸으면
이름도 모를 동네 한길에 붙은
'은자로'(Einsiedlerstrasse)

시끄러운 세상 싫어
은자로 살려는 사람들 동네인가?
바덴(Baden)의 조용한 마을
그냥 그대로 사는 것이 은자인가?

자동차도 전화도 없이
밤에도 텔레비전 안 보고
지방지(地方紙)나 성경만 보고

일어나 포도밭 가꾸고
동네 성당이나 지키는
그런 삶도 나쁘지 않으리

명색이 '은자 나라'(Einsiedlerland) 한국인
독일의 은자로에서 묘한 역리(逆理) 느낀다

— 1999. 2. 1.

티티제(Titisee)에서

티티제, 티티새
무슨 기차 소리 같기도 하고
무슨 새 이름 같기도 하고

슈바르츠발트의 진주
이 호수에 몇 번이나 왔던가?

언제는 한여름 홀랑 벗고 수영도 했고
언제는 얼음 위로 걷기도 했지

제2의 내 고향
프라이부르크 생활에서 빼놓을 수 없는

티티제에 오늘 다시
잠시나마 여행길에 들러

살얼음에 손 담그고
싸늘한 물 체온으로 느끼며

세상의 모든 곳, 세상의 모든 것
오염되고 변질되어도

>

너만은 영원히 정결하리
너만은 영원히 순수하리

이 체험 간혹이라도 죽을 때까지
반복하며 살기를 새삼 다짐한다

티티제, 티티새
티티 폭폭…

— 2001. 1. 25.

한 독일 여성 시인

— 마리 루이제 카슈니츠에게*

한국선 이름도 못 들었지만
바덴(Baden)과 인연 맺은 20년 만에
마침 당신의 탄생 100주년 생일에
프라이부르크에 다시 온 나

서점에서 산 당신의 전기 읽고
볼슈바일(Bollschweil) 묘지도 찾아보고

오늘 밤 기념회까지 참석하게 된
당신의 매력은 무엇인가?

전기 속에 내가 아는 이름들
하이데거, 야스퍼스, 가다머 등이 올라서인가?

나도 한번 만나본 루이제 린저와도
평생 친했던 때문인가?

문학의 위대함 때문이겠지
자연, 사랑, 고독, 죽음
당신은 보이는 대로 느끼는 대로
모든 것을 진실되이 서술했군요

그림을 그리는 것같이 있는 그대로

“영혼을 구원하기 위해 쓸 순 없다”
그걸 용감히 쓸 수 있었기에
나를 깊이 감동시키는군요.

— 2001. 1. 31.

---

* Marie Luise Kaschnitz(1901-1974)는 왠지 마음 끌리는 독일 여성 시인으로 고향 마을을 그린 『한 마을의 서술 *Beschreibung eines Dorfes*』(1966)의 번역을 시도한 바 있다. 프라이부르크를 갈 때마다 들러 이 마을을 스케치했다.

프라이부르크대학 550주년에

15세기라면 한국은 아직
조선조 건국하고 유교 국가로 착근할 때

1457년 알베르트공이 이곳에 대학 세워
에라스무스 등 휴마니스트 전통 세워

서세동점(西勢東漸) 19세기 독일은 가까웠으나
일본의 지배 아래 한독교섭이 단절되다

1920년대에 의학으로 시작하여
신학, 철학, 법학 등 공부하러
한국 유학생들 이곳으로 몰려왔네

전공은 다르지만 250여 명의 동창생
서울서도 종종 인정을 나누더니

오늘은 모교 550주년 기념식에
축하문집(Festschrift) 만들어 들고 왔네

세계에서 가장 적극적인 외국 동창회로
깊은 인상 심어주고 가네, 장한 한국 동창회

>

그러나 우리의 모교 이곳에 오면 항상
프라이(frei), 프라이(frei) 자유의 정신

오늘은 잔칫날, 아리랑 춤도 한판 추세
프라이, 프라이 하늘 끝까지 덩실덩실

— 2007. 7. 6. 베렌호텔에서 낭독

프라이부르크 꾀꼬리

그래그래, 내가 또 왔다고
이른 아침 환영해 주는 꾀꼬리

한국말론 "꾀꼴꾀꼴"인데
독일말론 뭐라는지?

아무튼 은구슬 깨뜨리듯
해맑고 톡톡 튀는 소리

울음소리라기엔 전혀 맞지 않고
웃음소리에 가까운 건 분명한데
언어로 쓸 수도 없고
그림으로 그릴 수도 없고
프라이부르크는 음악으로 시작하는구나!

"자유성(自由城)에서 자유롭게 뭐든지 하세요
그저 즐기세요, 최 교수님"
"선생이 우리를 사랑하는 줄
30년 동안 알고 있어요"

꾀꼬리의 환영송에 이른 잠 깨어
슈바르츠발트 속으로 산책 나간다

— 2003. 3. 17.

라인강 까마귀

브라이자흐(Breisach) 라인강변 미루나무 숲
수십 개의 까마귀 집들

까마귀들의 고공무(高空舞)
장관을 연출하는구나

저건 어느 나라 까마귀며
어느 나라 무대인가?

몇 초 만에 라인강 건너
독일과 프랑스를 날으며

국경을 조롱하며 사는
유럽 까마귀는 행복하구나!

한민족의 분단을 아파하는
한국의 인간보다 행복하구나!

하염없이 하늘 쳐다보다
스케치만 하고 돌아서는

>

한국인의 마음을 쥐어뜯는 까마귀 떼 울음소리

— 2008. 3. 24.

토마 같은 그림을

베르나우(Bernau)의 한스토마미술관(Hans Thoma Museum)
슈바르츠발트만 보면 그림을 그리고 싶다

벨헨(Belchen) 산정에 올라
동서사방 검은 숲 병풍에

산록의 골짝 따라 계곡물
자연의 교향악을 어떻게 그려?

내 자그만 플러스펜으로
이 대자연을 어떻게 담아?

시가 좋을까?
그림이 좋을까?

둘 다 시도하자
괴테 같은 시를
토마 같은 그림을

충분히 넋 잃고
자연에 몰입한 뒤

— 2008. 5. 3. 벨헨

탈, 탈, 탈

한국 탈은 가면
독일 탈은 계곡

슈바르츠발트엔 탈도 많다
횔렌탈(Höllental)
글로터탈(Glottertal)
헥센탈(Hexental)
귄터스탈(Günterstal)

탈만 따라가면 모두 절경
물 흐르고 꽃 피었다

즐긴다 독일 탈
온갖 한국 탈을 벗고

탈, 탈, 탈
그래도 아무 탈이 없다

— 2008. 6. 14.

슈바르츠발트 속에서

木 木 木
林 林 林
森 森 森

그리고 또 그리고 싶다

슈바르츠발트 숲속에서
혼자 앉아 그림 그리면
왜 이리도 맘이 편한지

둘러보면 고독한 친구끼리
가깝게 짝지어 선다

木木 林林 森森…

— 2008. 6. 14.

호르벤(Horben) 산동네

프라이부르크 시내도 좋지만
틈만 나면 올라오는 호르벤 산동네

샤우인스란트(Schauinsland) 산정 바라보며
숲속에 뎅그렁 산동네

숲 사이 초원에는
소 떼들 풀을 뜯고

어딘선가 닭 소리
가끔 종소리

내 인생에 몇 번 더 올지 모르지만
오는 만큼 도인(道人)에 가까우리

잔디 깎는 풀냄새
이게 고향 냄새 아니냐?

"철학은 고향으로 돌아가는 것"
(Philosophie heisst Heimkehren)
이곳 하이데거의 말씀

>

호르벤, 너는 내 제2의 고향
아니면 원래 고향이더냐?

— 2008. 7. 26.

Ⅷ

춘원 따라 러시아 기행

2000년대에 들어 나는 춘원 이광수(1892-1910) 연구에 몰입한 때가 있었다. 노벨상을 받을 만한 능력을 가진 한국 문인이 시대를 잘못 만나 계속 '친일파'로만 낙인찍히는 것은 문학의 관점에서 너무 손실이라 느껴졌다. 연구논문들을 줄기차게 발표하면서『유정』을 쓴 바이칼 호수와 시베리아의 치타(Chita)를 여행하고 춘원이 살던 곳을 발견하였다. 그런 현장에서 쓴 시와 그림들을『춘원 따라 러시아 기행』(관악, 2014)이란 시화집으로 내었다. 현장감과 애국심이 솟는다고 한글학회 김종택 회장께서 긴 독후감을 원고지에 써 보내주셔서 무척 감사했다. 앞으로 한국도 노벨문학상을 받으려면 해결해야 할 숙제의 하나가 춘원 문제라고 생각한다.

오물(Omul)탕

이스라엘 갈릴리 호숫가에선
멍청한 베드로고기 튀김을 먹었더니라

시베리아 바이칼 호수에선
밍밍한 오물고기 탕을 먹는구나

한국말 '오물(汚物)'과는 관계없고
바이칼 맑은 물 먹고 자란 정물(淨物) 오물

바이칼 관광객을 먹이는 오물만도
수천수만 마리 될 터인데

보드카 안주에 오물 오믈렛
입도 오물오물 재밌다

— 2013. 8. 13.

반필로프 기념비 앞에서

러시아의 극작가 반필로프(Banpilov)
얼마나 유명한지 알지도 못하지만

친구 구하려다 32세에 익사하여
바이칼 호반에 기념비로 선 당신

호수 속 샤먼바위 내려다보며
외로이 서있는 당신에게
한국인 친구 한 사람 소개하오

『유정』이란 소설로 바이칼을 묘사한
춘원이란 한국 작가를 맞아주시오

내년 이맘때쯤엔 두 분이 나란히 서서
바이칼 풍광을 더욱 빛내주시오

반필로프 기념비 옆에
이광수 『유정』 기념비 서는 날…

— 2013. 8. 13.

비 내리는 바이칼

환(環) 바이칼 열차 수비하역
잠시 내려 구경하는 사이

기차는 떠나고 우산도 없이
내리는 비 맞으며 철길 걷는다

그래, 맞으며 걷자
오염되지 않은 자연 비

"바이칼에서 비 맞다"
얼마나 낭만적 뉴스!

다음 정거장에서 다시 태워갈 테니
일부러 천천히 비 맞으며 걷는다

1950년대 이런 비 맞으며
초등학교 가던 고향 길

다만 그때의
무지개는 안 보인다

— 2013. 8. 14.

알혼섬 불한바위

칭기즈칸의 무덤이 있었다기도 하고
처녀들을 희생으로 바쳤다기도 하고
바이칼의 온갖 전설이 모인 불한바위

'부르한'이 '불한'이 되고
다시 육당(六堂)의 불함(不咸)문화론이 되고

'코리'족에서 '코리안'이 되고
그럼 강화도 마니산은 무엇인가?

원시설화와 건국신화
숱한 고대사의 수수께끼
바이칼 불한바위가 안고 있구나

한국인이라면 싱글벙글하는 코리족
불한바위에서 형세애를 나눈다

— 2013. 8. 15.

“더부러웃더라”

아침부터 더부러 웃는다
“더부러웃더라!”(Good Morning!)
러시아식 아침 인사

블라디보스토크역에서 모스크바까지
9,288km의 시베리아횡단철도로
일주일을 달려야 한다

1916년 완공한 니콜라이 황제
이듬해 이 길로 유배지 갔다니

그래도 더부러 웃더라
역사는 결국 웃어야 하는 것

시베리아횡단철도가
인생철학을 가르치네

— 2013. 9. 20.

춘원을 울린 편지

옴스크의 한 부인이
춘원에게 보낸 편지:

"내 남편은 대한 나라 사람이야요.
그는 치타에는 대한 나라 국민회가 있고
지도자가 있다 했소.
아이들이 자라거든 치타에 보내어
대한 말 배우고 대한 사람 만들라
그러던 그가 갑자기 죽었어요.
남편 뜻대로 아이를 대한 사람 만들려는데
가난한 과부가 힘이 없어요.
어떻게 하면 좋을까요?
곧 회답해 주십시오.
오라 하면 있는 것 다 팔아 노자를 만들어
아이들 데리고 치타로 가겠습니다.
나도 대한 사람의 아내가 되었으니
치타에서 대한을 위한 일 무엇이든 하겠습니다."

춘원은 적었다
"나는 이 편지를 받고 울었다.
수중에 돈만 있으면 가서 모두 데리고 오고 싶었다.

그러나 담뱃값도 없는 형편…"

이런 역사를 어찌 잊을까?
치타의 춘원 잊을 수 없다
나라면 어찌 했을까?

— 2014. 8. 2.

유대인 처녀 나탈리아

어디에 있을까?
춘원이 세 들어 살던 유대인 집

주인집 딸 나탈리아, 18세 처녀
시집갈 때 춘원은 방을 내어주었지

키스도 하고 춤도 추고
하루만 열렬히 사랑한 남편

다음 날 "남편이 전장에 끌려갔어요"
춘원의 가슴에 얼굴 부비며 울던 나탈리아

22세 청년 춘원은 무엇을 느꼈을까?
전쟁과 사랑, 어느 것이 진한지 모르지만

나탈리아의 집, 춘원의 셋방은
여기 치타의 어느 거리에 있을까?

유대인들은 역사를 잘 기록해
한 달쯤 살면 찾아낼 수 있을까?

>

아, 춘원과 나탈리아의 만남
한 줄기 시베리아 바람

— 2014. 8. 2.

아스트라한스카야를 찾아

춘원이 이강(李剛) 선생과 함께 《대한인정교보》 낸 곳
'아스트라한스카야' 유일한 언급 하나 들고
서울에서 수천 리 날아온 나

치타 시내에서 한참 나간 체르노스키구(區)
그곳의 한 거리인 줄 와서야 알았다

이강 선생 댁에 신문사 간판 걸고
몇 사람 조선인도 살았을 텐데

포장도 안 된 시골길
풀숲만 한 키 무성하구나

혁명이 휩쓸고 가고
전쟁이 파괴한 허허벌판

"춘원 선생이여, 제가 왔습니다"
한껏 불러도 풀벌레 소리만

아무튼 찾았다 100년 전의 거주지
이제 다음 할 일이 기다린다

— 2014. 8. 3.

춘원우(春園憂) 청리수(青里愁)

치타의 하룻밤 잠이 오지 않는다
100년 전 춘원을 생각하며
그의 우수, 나의 수심 왕복하면서

그는 무엇을 근심하였을까?
망국인으로 여기까지 떠돌아 와
구주대전 발발로 미국행도 좌절되고
차라리 몽골로 들어가 유목민과 방랑할까?
사랑 없는 아내가 있는 고향으로 가야 하나?

100년 후에 온 나는 무슨 수심인가?
춘원의 '유정'비를 바이칼에 세울까?
실제 산 치타의 체르노스키에 세울까?
누구의 도움을 청해 이를 세울까?
왜 내가 이런 일을 해야 하나?

밤새도록 생각 생각한다
결국 나는 어떤 길을 가나?
춘원과 나는 어떤 연분인가?
내 인생은 무엇인가?

— 2014. 8. 3.

치타(Chita)역에서

어제 첫눈에도 그때 옛 역사(驛舍)
코린트식 석주에 원형 궁륭

1914년 2월 추운 날 춘원이 내렸을 때
한 헌병이 가방을 들어주는 친절에
"역시 톨스토이의 나라구나" 감동했던 춘원

그 생각으로 오늘 아침 산책하며
역사(驛舍)를 스케치북에 그리는데
헌병이 와서 "전략 목적물(stratigical object)"은 못 그린다고

기차 정거장이 전략 목적물이라고?
아차, 나는 100년 전만 생각했구나!
공산주의가 남긴 군사문화를 잊었구나!

다행히 테러리스트로 몰리진 않았지만
씁쓸한 뒷맛을 남기고
스케치는 영원한 미완성작

아무튼 춘원과 나는 치타역에서 만났다
헌병을 두고 만났다

이데올로기를 두고 만났다

역시 오길 잘했다!

— 2014. 8. 4.

어디로 갈까?

치타의 춘원에겐 오지선다(五支選多)가 있었구나

제1문: 미국으로 갈까?
가서 언론인 활동하면 좋으련만
이미 대전으로 길이 막혀 못 간다

제2문: 상하이로 갈까?
이미 작별하고 왔는데
이전투구(泥田鬪狗)의 장으로 가기는 싫다

제3문: 인도로 갈까?
간디가 있는 피압박민족을 보고 싶지만
돈도 없이 그곳까진 너무 멀다

제4문: 몽골로 들어갈까?
유목민과 어울려 한평생 방랑하고 싶지만
그건 너무 큰 인생의 도박이다

제5문: 일본으로 돌아갈까?
사랑 없는 아내가 있는 고향으로 돌아갔다
못다 한 공부 위해 일본으로 가자

결국 제5문에 답을 치고
정주로 왔다 동경으로 건너간 춘원

그때의 선택이 옳았을까?
결국 '친일'을 향한 그 길

— 2014. 8. 4.

IX

괴테의 이름으로

내가 지상에서 가장 좋아하는 인물은 괴테(Johann Wolfgang von Goethe, 1749-1832)이다. 슈바이처는 아프리카 원시림 속에서도 매일 괴테와 대화한다고 고백했는데, 나는 그 정도는 못 되어도 마음으로 많은 사항을 괴테와 대화하며 살아왔다. 독일에서 공부하여 독일어를 읽고 괴테의 발자취를 찾아다니고 연구서를 낸 때문이기도 하겠다. 그보다 깊이 나는 괴테와 같은 마음으로 시 쓰기를 바라는 한국 시인이다. 괴테는 경험하지 않은 것은 쓰지 않았다고 고백하였듯 그의 시는 모두 생활시(Lebensgedichte)요 기회시(Gelegenheitsdichtung)이다. 그 속에서 서정성을 찾으려 했다.

이것을 모방하려 한다고 그대로 되는 것은 아니지만 나도 그렇게 시를 쓰려고 노력하여 왔다. 30년가량 동안 직간접적으로 괴테를 생각하며 100여 편의 시를 쓰게 되었다. 시인은 시로 화답해야 한다. 문득 에커만의 『괴테와의 대화』를 생각하면서 이런 시들을 '괴테와의 시화(詩話)'라는 제목으로 모아보고 싶어졌다. 그러나 어쩐지 시화란 말이 다소 어색한 감이 들어 『괴테의 이름으로』라고 바꾸었다. 예부터 호가호위(狐假虎威)라는 말도 있지만,

괴테의 이름을 빌어 나의 얘기를 해보고 싶은 것이다. 세상의 모든 것이 다 이유 없이 있는 것은 아니지만, 때로는 근원적으로 의문스러운 것들도 있어 괴테의 이름으로 새삼 들여다보고 싶은 것이다.

서울에는 독문학자들의 괴테학회(Goethe-Gesellschaft) 외에 '괴테를 사랑하는 모임'(괴사모, Goethe-Liebhaber-Verein)도 있다. 나는 괴테학회에는 별로 못 나갔지만 '괴사모'에는 20년가량 매월 출석하며 여러 번 발표도 하였다. 마음속에는 학술적 연구 외에 시인 괴테와 시를 통해 대화하고 있었다. 방법적으로 얼마나 그런 목적이 이루어질지 모르지만 나는 이 시집에 그것을 담고 싶었다. 그리고 이 대화에 한국의 시인, 한국인들을 초대하고 싶다. 함께 나누고 싶은 것들이 있기 때문이다.

나의 시화(詩話)는 시화(詩畫)이기도 하다. 괴테는 "사람은 많이 쓰기보다 많이 그려야 한다"고 했다. 이 충고를 따라 그림을 그린 지도 20년이 넘었다. 처음에는 괴테의 그림을 따라 그리기도 했다. 아직도 우리나라에는 화가로서의 괴테가 너무 안 알려져 있다. 그래서 이 작은 시집의 삽화는 괴테의 그림과 나의 그림으로 함께 장식하기로 했다. 그 자체가 뜻있는 일이라 생각한다.

나는 10년 전에 괴테와 다산 정약용(1762-1836)을 비교하여 『괴테와 다산, 통하다』(추수밭, 2007)라는 연구서를 낸 바 있다. 이제 70세가 되면서 지난날 괴테를 찾아 헤맨 족적을 시화로 정리해 보는 것이 무척 기쁘다. 이 나이가 되면 남의 이름 안 빌리고 자기 발로 서야 할 텐데, 일모도원(日暮道遠)이다.

—『괴테의 이름으로』 머리말, 2017. 7. 7.

괴테의 목소리

듣는다
들린다
괴테의 목소리

풀잎 사이에서
물소리 속에서
달빛 속에서

자연의 소리
영원의 소리
신(神)의 소리

— 2003. 7.

괴테의 그림

9살에서 83세 죽을 때까지
한평생 2,700점이나 그렸으니
아마추어라 하기엔
화가로서의 자취 또한 우람하다

자연을 좋아하여 나무, 바위, 바다
나아가 원초식물(Urpflanze)까지 그리고
스위스, 이탈리아 여행하며
수려한 풍광들을 그리고

어스름 달밤의 풍경화는
한 편의 시 자체

그런가 하면 낮잠 자는 아내와
강아지까지 그리고

종일 그림만 그리느라
끼니도 잊어버렸노라니

수천 마디 말보다 그림 한 폭이 위대하다던
괴테 화백의 고백이 가슴에 와닿는다.

>

문학과 미술 모두 미를 찾는 것이라면
새삼스러울 것도 아니지만…

— 2003. 7. 20.

욥과 파우스트

"지상에서 왜 선한 자가 고난을 받습니까?"
억울하디억울한 욥의 질문에
"네가 어디서 왔느냐?"
또 하나 질문으로 입을 막은 야훼

파우스트는 여기서 더 나아가
"선한 자와 악한 자가 무엇인가" 파고들었다
선한 자든 악한 자든 성실히 노력하면
구원이 깃든다고

인생에 관한 한 물음이 대답이고
대답이 또한 물음

파우스트는 욥이다
욥은 파우스트가 아니다

— 2003. 9. 28.

풍류 도사 괴테(歌德)

어찌 보면 황제 같고
어찌 보면 공자 같고
어찌 보면 부처 같은

괴테의 인간상을 한마디로
'도사'(Taoist)라 부른 헤르만 헤세

헤세도 『싯다르타』를 저술했듯
독일 시인들은 스케일이 크구나

아무튼 풍류 도사 괴테(歌德)
중국인들은 노래(歌)와 덕(德)을 보는구나

중국뿐인가, 서울에도
'독일의 풍류 도사 괴테' 집이 서있고

매달마다 '괴테를 사랑하는 모임'
발표 마치면 풍류가 절로 나온다

괴테의 바이마르 살롱 문화
서울에서 다시 꽃피우고져

— 2017. 7. 9.

마인강 뇔리리야

릴리 쉐네만 만나러 가는 괴테
이 다리에서 릴리릴리 불렀겠지
마음으로 수백 번 릴리릴리 신났겠지

괴테 찾아 수륙만리
나도 신난다 뇔리리야
청사초롱 불 밝혀라

한 번 가는 우리 인생
릴리릴리 뇔리리야!

— 2011. 8. 21.

에커만 무덤 앞에서

역사를 만드는 만큼
역사를 쓰는 것도 위대해
괴테 선생 만년을 충실히 담으시더니
죽어서까지 님 가까이 묻히신 당신

세계의 괴테 연구자들
당신의 덕 안 본 사람 없는데
제 질문도 하나 대신 물어주세요

"괴테 선생, 당신은 정말
이승에서 넉 주도 행복하지 못하셨나요?
저승에선 늘 행복하신가요?"

달빛 속의 브로켄

달빛 속의 브로켄에 취하여
세 번 브로켄에 오른 괴테

동양의 수묵화같이
은은한 그림을 그리셨구나

귀한 체험이
귀한 작품을 낳는다!

나는 달밤에 브로켄 오를 순 없어
내가 그릴 것을 대신 그려주셨구나

브로켄 바라보는 달빛 속에서
화가 괴테의 눈빛을 본다

모든 산정에는

모든 산정에는
휴식이 있다

산정에 오르기까지는
땀나는 노력이 있다

이제는 무위(無爲)가 있다
그리고 기다림이 있다

진인사대천명(盡人事待天命)
마침내 신의 은총이 내릴 때까지

달의 괴테

괴테는 왜 달을 많이 그렸을까?
그는 달밤마다 그렸을까?

은은하고 신비한 달빛
한 편의 시 같은 그림

깨어있음과
휴식

외면적 노력과
내면으로 돌아옴

긴장과 이완
들이킴과 내쉼

인생을 그렸구나
자신을 그렸구나

강렬한 인간 괴테도
결국 달의 인간이었거니

젊은 베르터의 Leiden

"젊은 베르테르의 슬픔"이라 배웠다가
Leiden은 슬픔만이 아님을 안 후
'고뇌', '번뇌' 뭐라 할까?

최두환 교수는 '가슴앓이'라 하고
안삼환 교수는 '괴로움'이라 한다

베츨라의 로테 집 전시실
한국어 번역서 옆에 놓인
중국어역은 '판나오(煩惱)'라 하였고
일본어역은 '나야미(悩み)'라 하였다

고민, 슬픔과 정열을
모두 합친 Leiden

이런 뜻을 담을 동앙어는 없을까?
나는 조어(造語)할 수 있나?

키켈한(Kickelhahn) 산정에서

닭이 운다

한국 닭은
꼬꼬댁 꼬꼬

독일 닭은
키켈 키켈

우는 소리는 달라도
닭이 우는 것이다

글자는 달라도
시는 시이다

산은 산이요
물은 물이다

로마의 괴테

평안 감사도 제 싫으면 그만
바이마르 재상도 염증날 수 있어

새벽 몰래 떠난 이탈리아 여행
결국 무엇을 하였나
로마에서 그림 그리기

화가들 틈에 끼어
정말 화가가 되려던 그
그리스 로마 문명 듬뿍 안고
이색적 남국 풍경 한없이 그리려 했다

안젤리카 같은 미녀 화가도 있고
티쉬바인과도 화첩기행 하면서
남국을 담았다
로마인 괴테, 화가 될러

아르노강 변에서

세계의 강물들에 발 담가도
아르노 강물에선 할 수 없다

르네상스의 강물
사브나롤라의 목이 던져진 강물

베키오 다리 입구에 서서
단테와 베아트리체 생각하며 돌아서는데

“진리를 빨리 말하는 자
목이 잘린다”(괴테)

마리엔바드에서

목욕을 꽤나 즐기신 괴테 선생
카를스바드, 마리엔바드
또 무슨 바드(-bad) 찾아가셨는데

73세 노인으로 19살 소녀에게 구혼하다
거절당해 쓰라린 마음으로 쓴
「마리엔바드 비가」(Marienbader Elegie)

그런 문학을 낳았길래
인류가 좋아할 수밖에

마리엔바드는
인생의 진실이 목욕하는 곳

쿠어(Chur) 축제
— Angelika Kauffmann 집 앞에서

괴테를 좋아하니
괴테가 좋아한 여성도 좋아
로마에서 사랑한 안젤리카 카우프만*
그녀 따라 스위스 고향 쿠어(Chur)까지 왔다

그녀의 서거 200주년이라고
유럽 문화인들은 꽤나 떠들썩하고
오는 날이 장날 쿠어축제로 홍청이는데
웬일인지 그녀의 생가 박물관은 문을 닫아
로마의 괴테 집처럼 밖에서 그림만 그린다

문 앞에는 여러 찬사가 적혔는데
"The Whole World is Angelicanized"라
무슨 뜻일까, 그녀의 그림을 통해?
아니면 괴테란 남성을 통해서?

아쉬움 반 만족감 반 받쳐 안고
쿠어축제 골목 인파에 휩쓸려
칼란다(Calanda)맥주에 올마소시지(Olma-Bratwurst)
혼자서 짐짓 홍겨워한다, 브라보 안젤리카!

— 2007. 8. 18.

* Angelika Kauffmann(1741-1807)은 괴테의 초상화를 그린 여성 화가인데, 너무 지성적 모습으로 그려 괴테는 자기가 아니라고 했다.

빈(Wien) 시립공원에서

한평생 왈츠처럼 살 수 있을까?

빈(Wien) 시립공원 잔디밭
요한 슈트라우스 동상 앞에

짐짓 즐거운 표정들로
사진 찍고 춤추는
모든 사람들은 꿈을 꾸려 한다
덩달아 나도 꿈을 꾼다

막히는 인생 아니라
왈츠처럼 흐르는 인생－

정의도 중요하지만
예술도 아름다워

비인 공원 잔디밭에 누워
나도 꿈을 꾼다
왈츠의 꿈－

— 1991. 8. 9.

우면산 괴테

내가 가장 좋아하는 괴테 선생이
먼 한국 서울의 우면산에 오시면

코레아 운운 시 한 수 읊으실까?
이국적 풍경 그림 한 폭 그리실까?

아니면 이탈리아 여행에서처럼
원초식물(Urpflanze)을 찾으실까?

어쩌면 이 모두를 하실 어른이시지만
분명 또 하나 하셨을 것은

약수터에 온 많은 사람들 보고
조금은 한국 노인 너털웃음으로

"약수 많이들 드시고
나만큼만 장수(長壽)하시오"

— 2001. 7. 22.

두 시인: 괴테와 다산

독일 시인이 '들장미'를 노래할 때
조선 시인은 '홍매(紅梅)'를 노래했네

소년이 들장미를 꺾으려 하자
가시로 찌른다고 노래할 때

홍매는 속기(俗氣)를 잃고
마음으로 다가온다고 노래했네

독일 시인은 '파우스트' 서사시로 나아갔고
조선 시인은 '애절양(哀切陽)' 저항시로 나아갔네

독일 시인은 '금광(金鑛)의 코레아'를 동경했고
조선 시인은 '백옥지성(白玉之城) 덕국(德國)'을 동경했네

독일 시인은 '서동시집'으로 세계문학을 쌓았고
조선 시인은 수원에다 서양식 성곽을 쌓았네

육신은 떨어졌지만 시로 만난 동서 시인
문명의 교차로에서 동서 시향(詩香) 풍기네

— 2017. 7. 8.

괴테형(型) – 다산형(茶山型)

괴테와 다산이 13년 호형호제 간이라고
책도 쓰고 그림도 그려 꽤나 알렸다

괴테를 서양의 멋있는 젠틀맨으로
다산을 동양의 선비상으로

위대한 인간은 역사적 문화적 차이에도
다른 점보다 같은 점이 많다고 적었다

그러고 또 수년 흘러 생각하니
역시 괴테는 긍정형 다산은 저항형
정치가 그들을 그렇게 만들었다

항상 저항하며 부정하며 사는 삶
가능성을 죽이며 살아야 하는 운명

한국적 인간형이 측은하다
인생은 근본적으로 긍정인데 –
오늘은 어떤가?

— 2017. 7. 7.

괴테와 다산의 천상 대화

지상에선 독일인과 조선인으로
4년 차이로 아슬아슬 못 만난 우리
하늘에서나 실컷 정담 나눠보세

형님은 유복한 가정에서 태어나
후덕한 군주의 총애를 받으시고
안 해본 것 없는 행운아셨지요

글쎄, 흔히들 그렇게 말하지만
진짜 행복한 시간은 넉 주도 채 안 되었네
아우야말로 '파우스트'를 실천한 삶이었네

그런데도 독일은 통일국가가 되었는데
한국은 아직 분단국가니 안타깝네

끝없이 이어지는 화제로
달이 해로 바뀌었네
내일 또 다시-

— 2017. 7. 9.

나의 메피스토

허리춤인지 심장 속인지
가만히 꼭꼭 숨어있다가
결정적 순간에 성큼 튀어나와
어깻죽지를 넘어 목을 뒤로 감아
살갑게 속삭여 온다

지금 당장 그만두라고
그만큼 했으면 됐다고
공연히 더 하려다 재수 더럽게
이룬 것까지 망친다고

세상은 너 아니라도 돌아간다
결국은 자신을 위해 유리한 방향으로
이익을 챙기다 끝나는 것이라고
진실을 말하다 개죽음당한 그들을 보라
인생은 마음먹는 반대로 가는 거라고

네가 가진 자그만 탤런트도
그게 언제까지 팔딱거리겠느냐
최소한 조금만 쉬다 시작하라
세상엔 네가 못 본 골목도 많고

꽃도 누구를 위한 향기더냐
죽기 전에 골고루 맡아보라

구원은 인간이 말할 수 없는 거라고
감히 은총을 말하는 자에게 저주 있으라
어깻죽지를 넘어 목을 뒤로 감아
어느새 자취를 감춘다

나는 어느새 감동받고 있었다

— 2015. 10. 12.

X

캠퍼스를 그리다

법학자로서 평생 시를 써왔다. 전공은 법철학과 법사학의 중간쯤인 법사상사학(法思想史學), 인간의 지성을 통한 법의 창조를 연구하기 때문에 인간에 대해 관심이 많다. 어릴 적 1950년대에 상주에서 초등학교를 다닐 때 전국어린이글짓기대회에서 당선된 '꼬마 문사'였으며, 글을 꾸밈없이 용감히 쓴다는 자의식이 끊이지 않았다. 법학자로서 시를 쓴다면 기이하게 보고, 때로는 감정을 절제하지 못하는 법률가로 매도될 수 있다. 법은 논리와 이성의 산물이고, 시는 감성의 표현이라고 보면 양자는 조화하기 어렵다. 그러나 이것이 모두 인간에 의해 이루어지는 것이기 때문에 양자의 긴장과 충돌도 외면하지 말고 얼싸안아야 한다는 것이 내가 시를 쓰는 이유이다. 이것을 논문으로 쓰겠는가? 그래서 내 시를 보면, 인간의 양면성, 즉 이성과 감성, 로고스와 파토스, 정의와 사랑, 자연과 문화 등이 나타난다. 독일 법철학사 라드브루흐(Gustav Radbruch, 1878-1949)의 영향을 많이 받았는데, 그의 뒤에는 괴테(Goethe)라는 위대한 거성(巨星)이 서있다는 사실을 발견하고 괴테 연구에 몰두하였다. 매달 '괴테를 사랑하는 모임'에 참석하고 여러 번 발표도 하였다. 그 결과로『괴테

와 다산, 통하다』(추수밭)를 출간하여 동서 지성사의 교차로를 조명하기도 하였다.

괴테의 파우스트적 삶을 동경하고 다산 정약용의 인간애를 흠모하면서 나는 아직도 육체적, 정신적으로 건강히 뛰고 있다. 본 대로 기록해 두는 형식이 시같이 되었다. 괴테의 기회시(Gelegenheitsdichtung)에 가깝다 할까. 정년을 하고 나니 전공보다 더 취미가 중요해지며 시와 그림에 친근하게 된다.

언제부터인가 '그림 그리는 법학자'라는 별칭이 하나 더 늘었다. 나는 주로 여행 중에 보는 풍경을 그린다. 여행시를 쓰기 때문에 여행을 하면 시 쓰랴 그림 그리랴 대단히 바쁘다. 괴테는 "예언자는 세상을 바꾸려 하고, 예술가는 세상을 즐기려 한다"고 하였는데, 그러고 보면 나는 근본적으로 예언자적이기보다는 예술가적이지 않나 생각된다. 고갱의 발자취를 찾아 하와이에서 멀리 타히티까지 가서 쓰고 그렸다.

환갑이 되던 2007년에 서울법대 동창홀에서 드로잉전시회를 가졌다. 그리고 2008년 독일 프라이부르크대학 미술관에서, 2009년 예루살렘의 한국문화원과 서울의 이스라엘문화원에서 '성지 스케치전'을 가졌다. 2년마다 서울법대 '동창미전'에 참여한다. '공간시낭독회'에도 참여하고, 요즘은 서울대 교직원 수묵화반에서 수묵화를 배우고 있다. 한 번 주어진 인생을 좀 더 풍부하고 향기롭게 살다 죽고 싶은 생각뿐이다.

여기 서울대 캠퍼스를 대상으로 한 시화집도 그런 노력의 한 산물이다. 본서는 3부로 나누어 제1부에서 서울대 관악캠퍼스에서 보고 느낀 시 22편, 제2부에서 내가 공부했던 동숭동캠퍼스를 회상하며 쓴 시 16편, 제3부에서 서울대에 관해 다양한 관점에서 써본 시 21편을 모았다. 시 한 편 한 편을 다듬은 수준 높은 작품으로 만들려는 의도보다도 캠퍼스의 자연과 사연도 시가 될 수 있다는 사실을 담으려 하였다. 모두가 함께 즐겨 주시기를 바란다.

이런 시집을 내는 현실적인 계기는 내가 회장 책임을 맡고 있는 서울대학교대학원동창회가 주최하는 금년 9월 21~30일 '서울대 교수 문인화전'이다. 11만 명의 동창회원이 친목을 도모하기는 어렵지만 개교 70주년 기념전시회에 관람하러 올 때 하나의 자그만 선물로 전해 주고 싶다. 이 자그만 선의가 하나의 아름다운 뜻있는 일로 기억되기를 바라며.

— 머리말, 2016. 8. 24.

자하연에서

— 자하(紫霞) 신위(申緯) 선생께

선생이 살구꽃 핀 자하동에서
호랑나비 따라 자운암에 이를 때

독일에선 괴테 선생이
바이마르의 일름(Ilm)강 변을 거닐었고
다산은 강진에 유배 중
「애절양(哀切陽)」을 토하고 계셨지요

학문이란 원래 자연과 떨어질 수 없는 것
통섭(通涉) 운운 이전에 원래 하나
지식에 무슨 인문, 사회 담이 있나요

18세기 그때는 그때, 21세기의 나는
서울대 교수랍시고 무얼 얼마 안다고
알량한 법학자의 세속지(世俗知)
그것만 무기로 살아도 될까요

선생은 선비, 나는 교수
교수는 선비와 달라도 되는가
자하연, 서울대 작은 연못이
천길만길 심연(深淵)으로 밀어넣는다

— 2011. 7. 9.

낙엽을 밟으며

— 제1회 서울대 캠퍼스 낙엽제에

40년 만에 이렇게 달라졌구나
세월이 단장시킨 에코캠퍼스

한때는 학생 데모 경찰 최루탄
한때는 관악산 폭우 생채기

SNU 캠퍼스의 숱한 사연들
모두 낙엽 되어 무르익었구나

그 위를 걷는다, 낙엽을 밟는다
그때의 사건들은 추억으로 돌리고

이제는 자하 선생도 기억하고
괴테, 헤세도 생각하며

낙엽이 무엇인지 물으며 걷는다
낙엽의 자화상을 보며 걷는다

여름의 허장성세는 쉽지만
고운 낙엽의 인생, 쉽지 않으리

— 2013. 11. 5. 낙엽제 낭독

추억의 솔밭식당

— 남정애 여사께

남정애 할머니 일생 묻은
따끈한 국밥이 있었네

한 그릇에 3천 원
40년 내내 3천 원

맛으로야 3만 원도 싸지만
학생들 호주머니 책 사 쓰라고

그들 커서 학자 되고
큰 인물 되는 기쁨으로

40년 흘렀네, 서울대의 증인
이제는 헤어질 때 되었네

서울대 낙엽제 시작하는 해
한 잎 낙엽으로 내려앉네

솔밭식당에서 채운 원기로
이 사회엔 이웃이 있네

>

우리 모두 강물 되어 바다로 흐르며
인정을 나누네 그때 국밥처럼

— 2013. 12. 19.

물망초 시절

낙성대 입구 파출소 옆
쪼그만 맥줏집 '물망초'
그저 맥주 다방이라 불렀지

교수아파트의 주인들과
야간 최고경영자과정 CEO들
3백 명 단골 있다 자랑하던 주 마담
서울의 명소로 일본에도 알려졌다 했지

대구에서 어느 애인 따라 올라와
혼자서 '물망초 마담' 하며
내 고교 음악 선생 소식도 들려주었지

데모하던 학생들 돌아갈 때까지
밤늦도록 보직교수로 시간 죽이며
마냥 죽쳐 있던 '물망초' 시절

지금 새삼 그립다
주 마담은 지금 어디서 살까
그래 잊지만 말자

— 2015. 8. 1.

관악 전설

내 경상도 촌놈으로 태어나
어인 행운으로 서울대 교수 되어
캠퍼스에 연구실 하나 차지하고
매일 관악산 봉우리 쳐다보며 산다

돌산, 악산이라 흉보아도
어언 10년을 넘게 바라보니
그런대로 정 같은 것도 들어

연주대 봉우리에 구름이 끼거나
낙타봉이 유난히 가까워 보일 때면
창문 밖으로 쳐다보는 시간이
나 모르게 조금씩 길어진다

저 연주대에서 양녕대군이
한양 궁궐 내려다보며 우셨다지

관악의 연구실에서 이 나라를 바라보며
때로는 의분과 체념과 미련과
뒤범벅되는 감정 삭이며 살아간다

>

이 나라를 끌어갈 인물은 누구여야 하나?
문득 이런 불경한 망상으로
또 한 십 분 지났나 보다

— 1989. 11. 8.

대학나무

엊그제부터 내 연구실 앞
나무들이 베어지고 있다
가지를 그대로 두면
모양 없이 하늘로 자라기만 한다고
잔가지만 아니라 줄기들까지 자르니
뭔둥치만 우두커니 부상병으로 선다

자른 가지들로 모닥불을 피우고
손 부비며 쬐고 있는 인부들 내다보며
내리는 눈송이에 망년의 상념에 잠긴다
이렇게 89년도 저물고 80년대도 끝나는가

눈발 속에 아프게 서있는 나무야
80년대 경찰 최루탄에 시달리며
한마디 말은 못 해도 볼 것은 다 보았지
차라리 가시를 살리는 아픔으로
90년대를 맞는 너는 어쩜 행복한지도

학생도 교수도 그렇고 그렇더라고
한마디 할 자격이야 충분하지만
차라리 그 아픔 안고 가거라

고문 살인했다고 나라가 들썩거리지만
어차피 인간이란 서로 죽이며 사는 동물
너는 능지형을 허허롭게 받아들이는구나

대학인들도 제 구실을 못할 바엔
진정으로 대학의 주인은 너희들

— 1989. 12. 23.

출근길에

낙성대 지하철 내려 연구실까지
국수봉 산책길 따라 출근하며
바라보는 관악산 연주대
반쯤 구름에 가려 한 폭의 산수화

어찌 자연의 산수화뿐이랴
내 마음의 심상도(心象圖)
온갖 세속지(世俗知)로 휘덮인
서울대 캠퍼스

그 위에 구름인지 안개인지
언제나 희뿌옇게 가려있어
조금만 더 오르면
청명한 봉우리와 하늘이건만

"진리는 나의 빛"(Veritas Lux Mea)
염불처럼 되뇌면서도
언제나 개운찮게 안개 낀
세속지(世俗知)의 세계

관악산 봉우리 아침마다 보며

처연한 실존지(實存知)에 목마르다.

— 1999. 11. 23.

관악사계(冠岳四季)

낙성대 개나리에서
관악산 철쭉제로
끝없는 꽃향기 릴레이

방학 때 진짜 공부한다는
서울대생들 놀려주는
느티나무 매미 소리

'코스모스 졸업식'부터
바짝 가까워진 연주대가 뿌려준
단풍으로 물든 감나무골

흰 눈 덮인 운동장
시내보다 1도 더 춥다지만
연구실마다 풍겨 나오는 난향(蘭香)

— 2013. 9. 1.

등 넝쿨 아래서

목련꽃 그늘 아래서 베르테르의 편지 읽는 건
선배들의 학창 시절 낭만이었지요

지금은 등나무 넝쿨 아래서
스마트폰 메시지를 읽고 있네요

젊음은 가고 인생도 가고
학문도 중요하지만
가끔은 시인이 되고 싶네요

무거운 가방 내려놓고
등나무 수술 주렁주렁
물끄러미 바라보고만 싶네요

내가 얼마나 축복받은 인간인지
감사한 마음도 길러보고 싶네요

뭔가 주렁주렁 맺히는 것 같네요.

— 2015. 7. 4.

캠퍼스를 그리다

캠퍼스를 그린다
평생 몸담은 나의 캠퍼스
눈에 보이는 대로 그리지만
실은 내 마음을 그린다

그림으로만 그리나
시로도 그리고
노래로도 그린다

대학은 세상에서 가장 아름다운 곳
젊음과 지성이 넘치는 곳이라서
내 육신과 정신을 키운 곳이라서

흐린 날은 연주봉을 산수화로 그리고 싶고
가을엔 수채화로 낙엽을 그리고 싶다

캠퍼스를 그리는 시간은 즐겁다
세상일 다 잊고 희열에 잠긴다
자하연 그림은 여러 장이 되었다

정년 후에도 서성이는 나의 캠퍼스

어느새 채워져 가는 나의 인생도(人生圖)

— 2016. 7. 12.

'라 세느'의 추억

'라 세느'를 아시나요?
옛 서울대 대학천

염색 공장에서 흘러나온
알록달록 구정물에도
마음엔 언제나 푸른 강물

봄에는 노오란 개나리
가을엔 플라타너스 낙엽
이희승 교수 종종걸음으로 강의실 가고
유기천-실빙 교수* 팔짱 끼고 귀가하던 길

학생들이 야외 시화전 작품도 걸고
학림다방, 낙산다방 모닝커피
진아춘, 공락춘의 짜장면

그때의 '라 세느'를 아시나요
미라보 다리 위 서울대 교문
지성과 낭만의 풍경, 되돌릴 수 없나요

— 2013. 10. 12.

---

*서울대 총장을 지낸 유기천(1915-1998) 교수와 부인 헬렌 실빙(Helen Silving, 1906-1993) 교수는 동숭동에 사셔 대학천변을 자주 걸으셨다.

마로니에여, 이젠 말하라

마로니에, 너는 알리라
지금도 생생히 기억하리라

1929년 4월 이곳에 심어졌으니
사각모 쓴 춘원(春園), 현민(玄民)도 보았고

해방 후 미군정 시절 안슈테드 총장,
아이젠하워 원수, 이승만 대통령도 오고
1960년 4·19 학생들의 함성 따라
이내 군인들의 군화 소리도 지나갔지

1975년 서울대는 관악으로 옮겨가고
이곳은 천방지축 젊음의 문화거리
대학로의 지표는 쉬임 없이 바뀌었지

마로니에여, 이젠 말하라
역사는 결국 무엇이더냐고
또 내일에 올 우리의 후손들이
어디서 어디로 갈 거라고.

— 2013. 10. 12.

*이 시는 필자가 서울대학교대학원동창회 회장으로 홈커밍행사를 주관하면서 마로니에공원의 마로니에 나무 앞에서 낭독하였다.

학림 추억

알트하이델베르크 대학가에서나 볼
삐걱거리는 나무 계단 비스듬히 올라가면
역시 베토벤과 모차르트가
담배 연기 속에 몽롱하게 춤추고 있었다

서울대 교복 입은 대학생들 틈에서
노시인 교수도 비벼 앉아 시를 쓰셨다는데

언성 높은 대화는 차라리 주장이었고
낭만이란 소리는 들리지 않았다
어느 날 다시 만나자는 약속들만…

세월 흘러 흘러 60년
학림(學林)은 교림(敎林)이 될 수도 있지만
여전히 배움의 숲으로 출렁인다

지성과 낭만과 저항…
후대인들이 붙여 주는 이름은 늘어도
우리가 원하는 건 그때 그 커피 맛

오늘도 커피 한 잔 시키고

마시기 전 생각이 길어지고
백발이 늘어갈수록 지키고 싶은
그 옛 자리

— 2015. 12. 7.

석양의 아크로에서

청계천 새 물길 열린 가을날
관악의 아크로에 서있노라니

1971년 새 캠퍼스 기공식에
박수 부대로 동원된 대학원생 시절

80년대 보직교수로 본부 건물 4층에서
분신자살 '열사'들을 목도하던 기억

아크로 잔디밭에 일부러 심은 가시 장미
거칠게 뽑던 피투성이 손들은 어디로 갔나

데모와 최루탄도 80년대로 끝
21세기 도서관은 취직 공부로 초췌한데

아, 이 젊음들과 함께 지낸
나의 관악 30년은 무엇이며
한국 사회, 한국 대학은 얼마나 나아갔나

늦더라도 조금씩 갈 길을 제대로 왔나
오히려 잘못된 방향으로 달려왔나

>

속절없이 학생들은 매년 바뀌어도
어딘가 아련한 함성이 부르는 듯해

맥 놓고 상념에 잠긴 노교수 머리 위에
샛노란 은행잎 하나 떨어진다

— 2005. 10. 20.

물소리를 그리다

— 서울대 수성묵화전(水聲墨畵展)에 부쳐

물소리를 그리네
겸재(謙齋), 남정(藍丁)이 그린 그 물소리

인왕산 계곡에서 청계천으로
소리 내며 흐르던 물길 끊어져

그림 속에 되살려 흐르게 하네
수묵화로 보아란 듯 되살리네

서양화로는 그릴 수 없는 물소리
동양화, 한국화로 그려내어

북악에서 관악으로 넘나들며
천년을 다시 흐르게 하네

매란국죽 낙락장송 속에
청아하게 들리게 하네

물소리에 붓 소리
시서화일체(詩書畵一體) 이루네.

— 2015. 2. 12.

내 연구실

8동에서 15동으로
15동에서 17동으로
17동에서 72동으로
다시 17동 명예교수실
관악 인생 40년에 네 번 옮긴
내 연구실

거기서 나는 얼마나
서울대, 한국 사회에 기여했고
세계 학술사에 공헌했나?

어느 연구실에서 무슨 논문이 나왔고
어느 연구실에서 무슨 저서가 나왔고
지금 명예교수실에선 무엇이 나오나?

여름방학 해거름 지닌 캠퍼스에 앉아
이 건물 저 건물 눈 산책하다 문득
격전장이던 옛 연구실 건물들이
다만 하나의 풍경화로만 보인다

수묵화 배우러 갈 시간이구나!

— 2015. 7. 27.

파우스트가 서울대 오시면

세계 대학의 교양서 1위
괴테의 파우스트가 서울대에 오시면

법학박사, 의학박사, 신학박사라
법대, 의대, 인문대 종교학과를 찾으실까

아니면 백 동(棟)이 넘는 건물마다 걸린
무슨 대학, 무슨 연구소 간판들 찾아
"이 세상이 어떤 원리로 작동하는지를
연구하는 곳은 어디요?" 물으실까

이를 연구하는 학과는 있는가?
이에 답할 교수는 있는가?
250년이 지난 오늘…

— 2015. 7. 19.

수성묵화전(水聲墨畵展)에

1759년 겸재(謙齋)가 가자
4년 후 다산(茶山)이 오고
10년 후 자하(紫霞)가 오고
또 7년 후 추사(秋史)가 왔네*

한강 두물머리에서 인왕산
관악산 동녘 서녘에서
선비 문화 꽃피웠네

역사 흘러 21세기
끊어진 수성동 물소리
관악에서 다시 들리네

시서화(詩書畵) 삼절(三絶)
서울대 캠퍼스에 되살려
자하연 물보라에
자줏빛 노을 뜨네

— 2016. 5. 5.

---

* 겸재(謙齋) 정선(鄭敾, 1676-1759)
다산(茶山) 정약용(丁若鏞, 1762~1836)
자하(紫霞) 신위(申緯, 1769~1847)
추사(秋史) 김정희(金正喜, 1786~1856)

유붕자원방래도(有朋自遠方來圖)

서울대 개교 70주년 교수문인화전
60인 교수들의 서화를 수집하면서
나 자신은 무슨 작품을 낼까
궁리하다 그린 '유붕자원방래도'

강진의 다산초당으로 멀리 독일에서
괴테 씨가 『파우스트』를 메고 찾아온다

화제(畵題)는 〈有朋自遠方來不亦樂乎〉
그걸 쓰기가 그림보다 힘들었다

작품성이야 보기 나름
삼불(三佛)의 일배화(一杯畵)만큼 멋지진 않지만
역사와 동서 학문을 담으려 했다

만년에 다시 찾은 붓의 향기
동양화의 무한 세계로 취해 든다

동서 학예의 접점에서
일락(一樂)을 찾으려는 심정—

— 2016. 7. 31.

*삼불(三佛) 김원룡(金元龍, 1922-1993) 교수는 고고학자로 문인화에 탁월하셨는데 스스로 한 잔 후 취기가 가시기 전에 완성한다고 일배화(一杯畵)라 하셨다.

관악산 자추지교(紫秋之交)

십칠 세 선배 문안하러
과천서 관악산 너머 자하동까지
연주대를 넘었을까
낙타봉을 돌았을까

자하(紫霞)와 추사(秋史)
시서화(詩書畵) 삼절(三絶) 만나면
우국(憂國)에 떨었을까
풍류(風流)에 젖었을까

마재(馬峴)의 다산(茶山) 소식도 듣고
청(淸)나라 문물도 전하며
자하동 나들이는 길었으리

대나무 숲 흔들리는 가을밤은
고담준론으로 거뜬 지새웠으리
야심(夜深)할수록 시향(詩香)도 깊었으리

---

*이 시는 2018년 5월 수성수묵화전에 출품한 수묵화 〈冠岳山下 紫秋之交〉의 해제로 쓴 것이다.

XI

펄 벅 사랑하기

2017년 가을 '한국펄벅연구회'를 조직하였다. 펄 벅(Pearl S. Buck, 1892~1973)이라면 중국을 무대로 한 소설 『대지 The Good Earth』(1931)로 노벨문학상을 받은 미국 작가로만 아는데, 실은 한국을 여덟 번이나 방문하고 만년을 한국 사랑에 빠진 분임을 우리는 너무 모르고 지냈던 것이다.

펄 벅에 관한 논문들을 쓰는 것도 중요하지만 일반인들에게 직접 빨리 알리는 데는 시가 중요하다고 생각되었다. 펄 벅도 시를 썼다. 그래서 펄 벅 여사를 생각하며 여러 측면에서 시로 표현해 보았다. 정식 출판이라 할 순 없지만 프린트판으로 5백 부를 만들어 아는 사람들에게 선물하였다. 2018년에는 펄 벅을 주제로 한 수묵화를 25점 그려 미국의 펄 벅이 고향 웨스트버지니아 심포지엄 장소에서 나흘간 전시회를 갖기도 하였다. 언젠가는 본격적인 펄 벅 시화집을 낼지 모르겠지만 먼저 여기에 몇 편을 뽑아 싣는다.

부천 펄벅기념관에서

노벨문학상의 우람한 명성보다
춥고 배고픈 전쟁고아들 품 안에 보듬으며
동서를 대지로 껴안은 휴머니티가
인류의 가슴을 뜨겁게 해주었다

국제 불륜의 씨로 낙인찍힌
혼혈아들을 모성애로 껴안아
그들이 커서 가수 연예인도 되고
한국 사회를 풍요롭게 만들었다

그린 힐즈(Green Hills) 기념관에는 가보았지만
부천의 이곳은 처음 와본 펄벅기념관
유일한(柳一韓) 박사와의 우정도 아름답다

여기서 쓰시던 책상과 장신구도 진열되고
대지의 어머니 모습으로 우뚝 선 동상 위에
〈펄벅 탄생 125주년 그림 그리기 대회〉 현수막

나도 와서 어린이들과 어울려 그려볼까?
그 최진주(崔珍珠)의 빛을 그릴 수 있다면
암울한 역사에 한 줄기 구원의 빛으로

— 2017. 6. 1.

사향비(思鄕碑)
— 펄 벅 시비(詩碑) 앞에서

중국 진강(鎭江) 싸이전주(賽珍珠) 문화공원(文化公園) 모퉁이
〈사향비(思鄕碑)〉라 큰 무대 만들어 놓고

펄 벅 여사의 시 4수(首)를
영한(英漢) 대역(對譯)으로 크게 새겼다

스케일도 엄청 크게
소설가 아닌 싸이전주(賽珍珠) 시인(詩人)
중국인 가슴에 콱 심었다

무대 한쪽은 영어
다른 한쪽은 중국어
동서가교(東西架橋)를 시(詩)로 놓았다

한발 앞서 가는 중국인의 문화 감각
규모와 분방함이 부럽구나

나는 잠시 어지럽다

— 2017. 9. 7.

회상의 펄 벅

마르코 폴로 이래 처음으로
선교사 딸로 중국에서 자라
방대한 『수호전』을 영역(英譯)하고
소설 『대지』로 노벨상 받고
전 세계 베스트셀러 되었지요

1960년 처음 한국 와보시고
소 수레에 지게 짐 지고 가는 농부
새들 먹게 남겨 둔 까치밥 보고
"고상한 민족이 사는 보석 같은 나라"

돌아가 『살아있는 갈대』를 쓰고
여덟 번이나 한국을 찾아와
혼혈아들과 함께 뒹굴던
한국의 양어머니, 사랑의 유모

매카시즘도 가고, 공산주의도 갔건만
여전히 거센 세계사의 물결
그리운 당신의 자애로운 목소리
새 인종의 평화로운 날-

— 2017. 10. 6.

박화성 문학관에서

일본에서 영문학을 공부하여
춘원의 추천으로 소설가 되고

1960년 펄 벅 여사 방한 시
옆자리에 앉아 담소한 인연으로
뉴욕까지 찾아가셨군요

그때 찍은 기념사진
목포문학관에 멋있게 전시되었네요

두 여성 작가 공히
왕성히 역사를 담는 소설 작가
무엇이 공통이고 무엇이 다른지

목포의 박화성 문학관에 와서
뜻밖에 펄 벅을 만나보는
선배 문인들의 인간 교제가 멋있다

— 2017. 10. 21.

대지의 갈대

광활한 대지 위에 흔들리는 갈대
그건 중국의 흔한 풍경 아니요
펄 벅이 그린 중국과 한국이다

『대지(The Good Earth)』로 노벨상 받고
30년 후 『살아있는 갈대(The Living Reed)』
중국과 한국을 공평히 썼다

대지와 살아있는 갈대–
갈대는 대지가 있어야 살고
갈대 없는 대지는 황무지일 뿐

펄 벅이 생각한 중국과 한국
그 끈질긴 길항(拮抗)의 역사도

한중관계는 어찌 나가야 하나?
새삼 그 예지를 듣고 싶은데–

— 2017. 10. 28. 한국펄벅연구회 여는 날

하우고개에서

지금은 부천시 소사구
심곡본동 하우고개

유한양행 공장 부지에
〈희망원〉 간판 걸고

혼혈아 고아들과 함께 뒹굴며
이 고개를 몇 번이나 오르셨나

나도 한번 해보자 벼루다
오늘 처음 걸어본다

바우고개 아닌 하우고개
시민 위한 휴식터도 있지만

수려사 사그반 절산이랑
어딘지 여사의 발자취 느껴진다

이 고개 아래 펄벅기념관 주변
앞으로 10년 후 어떻게 바뀔까

>

흰나비 한 마리
무척 반갑다

— 2018. 4. 17.

명인뜨락에 온 최진주

언제 이곳 서초동으로 옮겼나요
내가 본 국악원은 장충동이었는데

음악, 무용 좋아하는 한국인
우면산 자락 서초동으로 국악원 옮기고

예악당, 우면당, 국악박물관에 이어
명인뜨락에 선배들도 잘 모셨군요

신재효 판소리는 책에서 읽었고
김천흥 춘앵무도 보았지요
김백봉 무용단도 멋있었어요

국악박물관에 숱한 악기들
가야금, 거문고, 생황, 아쟁
나에게도 이젠 친숙한 악기네요

강대국 사이에서 갈대는 바람에 시달리지만
고상한 민족으로 버티기 위해서는
무엇보다 풍류정신이 필요하지요

>

나는 미국 청산(Green Hill)에 묻혀 있지만
가끔 한국인의 풍류를 생각한다오

여기 흉상으로 서있는 아홉 국악인들과
나도 함께 흉상 되어 서고 싶지만
굿바이, 친구들이여, 다음 만날 때까지-

— 2018. 4. 20.

---

*한국명이 최진주(崔珍珠)인 펄 벅 여사는 음악학 박사이기도 한데 1963년에 국립국악원을 방문하고 한국 전통악기에 관심이 컸다.

펄 벅 사랑하기

노란 살갗 검정 눈의 아시아인이
푸른 눈의 미국 여성을 어떻게 사랑하나?
펄 벅을 왜 사랑하나?

1892년 생 춘원(春園)과 동갑
유일한(柳一韓) 등 독립지사들과도 사귀었고
여덟 번 방한하며 마지막 사랑 부은 여사

최진주(崔珍珠)란 이름으로
서울시와 부산시의 명예시민으로

한국인을 사랑하고
혼혈아를 사랑하고
대지를 사랑하셨다

"사랑이 없으면 공포뿐"
펄 벅을 사랑하려면
공포 없는 정치가 있어야 한다
공포 없는 가정이 되어야 한다

한국인은 펄 벅을 사랑해야 한다

사랑을 사랑해야 한다.

— 2018. 6. 20.

벅과 박 : 『대지』와 『토지』

『대지』는 펄 벅
『토지』는 박경리

『대지』는 1931년
『토지』는 1969년

둘 다 치열히 산 삶이지만
벅에겐 사랑이 주제였고
박에겐 생명이 주제였지

벅에겐 있고 박에겐 없는 것은?
그 반대는?

척박한 한국 근대사에
사랑을 논하기 어려웠지만
그래도 끈질긴 사랑과 성(性)이 있어
생명을 이어간 역사를 서술했지

생명과 사랑은 같은 것?
그러나 박경리의 톡톡 튀는 숨결은
펄 벅의 엄전한 자태와는 꽤나 달라

>

벽과 박, 거대한 연구주제—
두 여인의 땀 냄새가 스며온다

— 2018. 5. 26.

펄 벅의 세종대왕

그때는 광화문에 대형 동상도 없었는데
어찌 세종의 위대성을 알았던가

물론 한국을 연구하다 만난
조선의 르네상스 맨

무엇보다 한글을 만들었고
음악과 과학을 발전시켰으니
"아시아의 미켈란젤로"

한글은 세계에서 가장 좋은 글자라고
그래서 『살아있는 갈대』의 표지까지
한글 아리랑 가사로 장정

한글학회는 물론 한국인 모두
엎드려 절을 해야 할 펄 벅 여사

부천에만 아니라 전국 몇 군데
최진주 여사의 동상이 서야 한다

— 2018. 6. 20.

어느 신명여고생
— 대구 조혜자 시인께

대구 계성고 강당에서 사인 받으려다
수백 명 몰리는 바람에 실패
완행열차로 경주까지 따라갔지요

불국사 호텔을 간신히 찾았지만
주무시는 국빈을 깨울 순 없어
새벽 5시 반까지 여관에서 새웠지요

다시 호텔 로비에서 드디어 성공
『북경에서 온 편지』에 사인 받고
"나도 노벨상 받고 싶어요" 영어로 말하니
"I believe you" 쓰다듬어주셨지요

함께 찍은 사진 50년간 간직하다
확대해 신명여고 모교에도 기증하고
평생 추억 찾아 시인이 되셨지요

오늘 나도 대구에서 펄 벅 강연하기 전
조 시인 댁에 초대받아 차 한잔 나누며
우리는 복 받은 '펄 벅 문인' 즐거워했다

>

아직도 찾으면 발굴되는 아름다운 스토리들
펄 벅이 한국 강토에 숨기고 간 보물들

— 2018. 5. 12.

촛불 하나 켜는 것이

어찌 알고 가셨을까 명동 청동다방
오상순 시인의 문학 아지트

공초가 담배 좋아한다고
'사슴' 담배 한 보루 사 들고

펄 벅은 무슨 대화 나누었을까
기록은 없지만 방명록에 쓰신

It is better to light a single candle
than to complain of the darkness
(촛불 하나 켜는 것이
어둡다고 불평하기보다 낫다)

펄 벅의 표현인지 중국 명언인지
아무튼 이 말이 그리 좋아
구상 시인은 동제목의 문집을 내셨지

이제 모두 고인이 된 허전한 마당
어두운 한국현대사를 비친 촛불이 되었구나

— 2018. 6. 20.

향정헌의 최진주

최진주(펄 벅) 여사가 제일 좋아한
서울시 혜화동 골목 향정헌(香庭軒) 댁

솟을대문 한옥에 우아한 마당
한국적 운치가 꼭 맘에 들어

한무숙 여사가 차린 한식 밥상에
동생 한말숙이 켜는 가야금 산조
"가야금은 사람이 말하는 것 같군요"

서울에도 시서화가 어우러진 한국미
펄 벅의 체온이 남아있는 대청마루

50년 역사가 흐른 후
여기서 한국펄벅연구회를 창립하네요

솟을대문으로 다시 "Thank you all!"
여사가 성큼 들어올 것 같네요.

— 2017. 10. 28. 한국펄벅연구회 창립일

모란꽃과 찔레꽃
— 펄 벅과 김말봉

『모란꽃』은 펄 벅
『찔레꽃』은 말봉

어느 꽃이 더 큰가
어느 꽃이 더 진한가

이런 바보 같은 질문이
뉴욕 펄 벅 자택에서 만난다

동서의 두 여성 작가는
남성이 안 보이는 커튼 뒤에서
가슴 터놓고 킥킥 웃었다

우리를 질투하는 남성 작가 비평가들아
우리는 대중소설이 자랑스럽다
순수 표방은 이기주의다

한국의 펄 벅 김말봉
묵은 체증이 다 내려갔다
그 힘으로 공창(公娼)제도를 폐지시켰다.

— 2018. 6. 30.

펄 벅을 아시나요?

펄 벅을 아시나요?
"아, 『대지』를 읽었죠."

또 무슨 책을?
"『북경에서 온 편지』"

한국에 관한 책은?
"그런 책도 썼나요?"

『살아있는 갈대』 외에
 두 권, 도합 세 권!*

한국인은 왜 이 모양이죠?
언제쯤 자기 비하를 그칠까요?

— 2018. 7. 6.

---

*『살아있는 갈대 *The Living Reed*』(1963), 『한국서 온 두 처녀 *Love and Morning Calm*』(1951), 『새해 *The New Year*』(1968).

청산(Green Hills) 가자

나비야, 청산 가자
꽃에서 푸대접하면
잎에서라도 자고 가자

국립국악원 명인뜨락에서
안비취 여사 따라 부르는 민요

청산이 어드멘가
영어로 하면 Green Hills
펄 벅의 휴식처가 청산이라

펄 벅 여사 그리며
시도 쓰고 그림도 그리며
청산도 그린다

10년 전 청산에서 본 〈싸이전주(賽珍珠)〉
이번 가면 최진주(崔珍珠)로 보리라

한국의 호랑나비 따라
청산까지 왔다 아뢰리라

— 2018. 7. 10.

금아(琴兒)의 진주(珍珠)
— 피천득의 펄 벅 회상

금아(琴兒)와 진주(珍珠)는 여덟 살 차 남매?
1920년대 상하이 유학 때 만나지는 못했고
1960년 방한 때 영문학자들 만찬에서
무슨 환영사 했는지 기록은 남았지만

느낀 감정은 글로 안 남기셨네요
두 인간성이 크게 울림 있었을 텐데
특유의 겸양으로 말을 아끼셨네요

그래도 끌리는 마음 딸 서영이로 하여금
이화여고에서 진주 여사 앞에서
『대지』의 몇 구절 영어로 낭송하게 하셨지요

이게 작은 인연인지 큰 인연인지 몰라도
지난주 오픈한 〈피천득 산책로〉 걸으며
새삼 최진주 여사를 함께 떠올리네요

금아와 진주,
그리고 장왕록, 캐롤, 피서영, 장영희
모두 손잡고 허밍웨이(Hummingway) 걸으며 콧노래 하는

낭만인지 환상인지 반포천 따라 흐르네요*

— 2018. 7. 14.

---

*펄 벅(Pearl Sydenstricker Buck, 1892-1973)의 한국명은 최진주(崔珍珠)이고, 피천득(皮千得, 1910~2007)의 아호는 금아(琴兒)이다.

XII

공간시낭독회

한국에서만 아니라 세계에서 가장 오래된 '공간시낭독회'가 있다는 얘기는 들었지만 어쩐지 겁이 났다. 그렇지만 구상, 성찬경, 박희진 세 선배 시인들께서 창립하신 시낭독회라니 관심이 안 갈 수 없었다. 2013년 11월이 400회 기념 월로 〈문학의 집 서울〉에서 축하회를 가졌는데, 이인평 회장의 요청으로 축시를 낭독하게 되었다. 그때부터 매월 모임 때 나도 한 편씩 낭독하였는데, 유일한 생존자이신 박희진 선생께서 "최 교수는 천성 시인이야"라고 격려를 해 주신 것이 큰 힘이 되었다. 그 후 7년이란 세월이 흐르는 동안 시를 함께 나누던 동료 시인 중 몇 분이 작고하는 회자정리(會者定離)를 체험하면서 시의 인생을 점점 진하게 느끼기도 한다. 매월 첫 목요일 저녁을 시인들과 함께 나누는 시간이 점점 뜻깊게 느껴진다. 내가 낭독한 비교적 근작시들이 어떤 흐름인지 어떻게 바뀌고 있는지는 나도 아직 모르겠다.

평화시장에서

Ⅰ (그때)

없는 게 없구나 요리조리 모양내고 편리하게 고안하고 즉석에서 짝짝 맞는 참 좋은 세상
구경을 끝내고 3층에 오르면 전태일이 휘발유 뿌려 자살한 또 하나의 세상이 있다
재봉틀 소리 툭툭 먼지 터는 소리 베 째는 소리
점포마다 비벼 앉은 열다섯 소녀들이 벌려놓은 손바닥만 한 도시락들
텁텁 숨 막히는 먼지에 눈 따가워 견디지 못하면 간간히 발코니에 올라 하늘 쳐다보며
공기 한번 들이켜고 다시 물속으로 잠방이질 해 들어가는 가엾은 금붕어들
정말 있어야 할 게 없구나 옷도 많고 유행도 많은데
인간이 없구나 금붕어의 유희를 보고
한없이 울어줄 어머니가 없구나

— 1970. 11. 7.

Ⅱ (지금)

여전히 이름은 평화시장 그때 그 건물 평화시장
전에 없던 엘리베이터 타고 3층 피복점 상가 찾아가니
한 평 될까 점포들 재봉틀 앞에 앉은 아주머니
저 아주머니가 45년 전 전태일의 친구 소녀일까
저 여성이 여기를 지키는 동안 전태일은 신화가 되었고 나는 어디 갔다 왔나
베 째는 가위질 소리만 안 들릴 뿐 모든 것이 그대로 화석 되어 박힌 역사 앞에 다시 섰구나
평화시장의 평화는 나에게 다시 어디로 흐르나 인공의 청계천처럼

— 2015. 2. 13.

법 동네 시 동네

한평생 법 동네 살다 뒤늦게 시 동네 서성이는 나
쟁쟁한 시인들로 가득 찬 나라에 내가 쓸 시의 영토가 남아있을까

법 동네에서 무엇이 싫었던가 똑똑하고 그럴듯한 법 동네 사람들
거기엔 권리만 있고 이기는 자만 있고 지는 자를 위한 자리는 없었네
정의의 이름으로 자기 이익 챙기기에 전쟁이었네

한 권의 책을 놓고 내용은 안 보고 저작권만 생각하는 법 동네에 살다
같은 물권(物權)을 보고도 인간의 권리 아닌 물건 자체의 권리로 보는 시 동네로 오니
세상만사 거꾸로 보이네

어디 시 동네라고 다툼이 없을까만 어쩐지 위로가 있을 것 같네
사랑이 있을 것 같네
그 사랑 찾아 한없이 울고 싶네

시로 법을 깨고 싶네

— 2015. 3. 14.

---

*「평화시장에서」,「법 동네 시 동네」 2편으로 최동호 시인의 추천을 받아 『서정시학』(2014, 여름호)에 등단하였다.

수연송별기(水然送別記)

— 고 박희진(1931-2015) 시인을 보내며

오늘 저녁 6시 〈풍류〉에 모일 '공간시낭독회'
아침 10시 이곳 영안실에 앞당겨 모였네요
이인평 시인 사회로 조시와 추모사들
박희진 작사 〈까치집〉 노래와 소리 공양까지
관(棺) 따라 나오는 길 매화 꽃비 내리네요

영구차 따라 이내 벽제 승화원(昇華院)
오후 2시부터 1시간 반 동안 화장(火葬)
우람하신 육신도 한 줌 골분(骨粉)으로
이 변모의 공간으로 눈물이 고이네요
육신과 영혼 사이 그건 무슨 공간인가요

생전에 손수 마련해 두신 영면처
남양주 사릉 천마산 계곡 봉인사 묘원
춘원(春園)의 봉선사와도 멀지 않은 곳이군요
미리 선 시비(詩碑) 옆에 유골함 묻는데
벌써 산신령 되어 풍류로 흐르네요

— 2015. 4. 2.

꽃병 하나

우리 집 마루에 꽃병 하나
있는 듯 없는 듯 꽃병 하나

대학 시절 동대문서 산 후
수없는 이사에도 용케 따라왔구나

바쁘게 살아온 나도
꽃 꽂을 여유는 있었던가
빈 병으로 지낸 때가 많았던가

아내보다 말없이 더 오래
묵묵히 향기 담아온 인연
세월에 밀려 점점 토기같이 되어

무덤까지 따라오려나
나의 유골함이 될
꽃병 하나

— 2015. 6. 2.

양수리(兩水里)에서

북한의 어디에서 흘러온 북한강
강원도 태백에서 흘러온 남한강
조용히 만나는 양수리 두물머리

한 강도 아름다운데 두 강이 모여
끝이 안 보이는 물안개
연잎 갈대숲 강변은 수묵화

겸재가 그리고 다산이 읊고
수없는 시인 묵객들
풍류가 춤추던 곳

나도 세미원 연꽃축제에서
관수세심(觀水洗心) 관화미심(觀花美心)
처음 새로 배우는데

만난 두 강물 함께 바다 이르듯
인간도 풍류로 통일 이룰 수 있나

멀리 운길산
수종사 종소리도－

— 2015. 8. 15.

실크로드 경주(慶州)

— 세계한글작가대회에서

로마에서 이스탄불
사마르칸트에서 간다라
베이징에서 경주까지
비단길은 열리고 열렸다

유대인, 아랍인, 페르시아인
신라의 국제도시 누비고
동과 서는 드디어 포옹했다

종착역이자 시발역에서
이번엔 세계의 한글 작가들 모여
한글 비단으로 세계문학을 휘감는다

달밤의 안압지도 거닐고
양동마을 집성촌도 거닐고
유네스코가 다른 것이 아니구나

세계사로 나아가는 넓은 비단길
경주 하늘은 비단 빛으로 드높고
설총과 목월이 덩실 춤춘다

— 2015. 10.

자서시(自敍詩)

낙동강 상류 상주 고을 청리면(青里面)
물 위 마을 수상리(水上里)
교회 있는 동네에서 태어났다

대구 거쳐 서울에서 법을 공부하여
판검사는 두려워 학자 되려고
독일 박사에 모교 교수 33년 과분했다

저술도 많이 하고 강연도 하였으나
언제나 마음엔 허전한 갈증
한 줄기 생수 같은 것 그리웠다

정년 후 '선인생(先人生) 후문학파(後文學派)' 되어
시와 그림, 노래로 뮤즈를 따라 살며
파우스트처럼 실수하면서도 구원받고
지바고처럼 혼미 속에서 시를 남기려 한다

남은 길 구도(求道)의 길 아직 먼데
난제오(亂啼烏)-석양에 우짖는 까마귀들
참 자유를 찾는 길 홀로 가리라
머리 아닌 가슴 사랑 나눠주리라

— 2015. 11. 5.

초당동 소나무처럼

— 고 신봉승(1933-2016) 선생 영전에

강릉의 초당두부 먹고 자라던 소년
국문학도 되어 시집, 소설도 내었지만
삶이 중요해, 역사가 중요해
실록을 파고 사료를 뒤적여
조선왕조 5백 년을 대하드라마로
전 국민의 가슴에 심은 역사학자
그 역사를 읽는 혜안으로
한국인에게 실천궁행을 충고하시며
세종 같은 대통령에 이상적 내각까지 꿈꾸신
이 나라의 지성인, 대인이시여!
역사는 거울, 인물 연구를 강조하시더니
척박한 이 사회에 청청한 소나무
이승의 인간사 훌훌 남겨 두고
괴테처럼 83세로 저승 건너가시니
한 키 넘는 100여 권의 저서만으로도
이 땅의 인연 잊지 마시고 음덕 내려주소서

— 2016. 4. 20.

국악박물관에서

국악 연주는 축(柷)으로 시작하여
어(敔)로 끝내는구나
박달나무 여섯 겹 부채모양의 박(拍)도
짝짝짝 신호탄 역할을 하는구나
나무통에 구멍 뚫고 방망이로 쿵쿵쿵
호랑이 머리 세 번 치고 드륵 등을 긁는다

거문고와 가야금 외에도
당비파(唐琵琶)와 향비파(鄕琵琶)
민족의 소리도 달랐구나
나아가 궁중음악, 선비 음악, 서민 음악
국악에도 사회성이 있구나

처용을 통해 오랜 동서 교류
김천흥, 김월하, 안비취도 만난다
명인뜨락에 선 아홉 분의 국악인
민족의 풍악을 지킨 은인들

내 나이 70에도 악기 하나 못 다루지만
자주 듣는 것만으로도 행복해
만년의 인생 선율은 역시 국악

들으면 풍류가 일어 좋다
나올 때는 어느새 덩실 춤사위

— 2016. 5. 22.

보리밭

— 이숙자 화가 전시회에서

청보리, 황보리, 백보리
익어가는 수만 개의 보리알
사각사각 부비는 소리
바람에 흔들려도 쓰러지지 않는다

그런데 보리밭 앞 이랑에
웬 근육질의 알몸 이브가
성성한 음모를 드러내 누워있나

보릿고개 춘궁기를
여성의 원시적 힘으로 넘긴 민족
화가는 자연 속에 역사를 그렸구나
인생을 그렸구나

영원히 여성적인 것이
보리밭에서 소리친다
살아야 한다 살아야 한다
저 수만 개의 보리알처럼
다닥다닥 엉켜서 살아야 한다

— 2016. 6. 24.

연꽃 만나러 가는 길

'공간시낭독회' 회원들과 양수리
세미원 연꽃 만나러 가는 날
한 회원이 미당시(未堂詩)를 보내왔다

연꽃 만나러 가는 바람 아니라
방금 연꽃 만나고 가는 바람 되라고

그 바람처럼 마음 비우고
듬뿍 연꽃 향기 머금어야 할 텐데

나는 연꽃 밖의 인간사(人間事)만 괘념하고 있구나
겸재(謙齋)의 한강도(漢江圖), 다산(茶山)의 화조도(花鳥圖), 추사(秋史)의 세한도(歲寒圖)…
그림의 세계를 탐욕하고 있구나

연꽃을 보라는 직지(直指)는 외면하고
연꽃을 그려갈 생각만 하는구나
그런 잡념 속에 시는 얼마나 숨 쉬고 있나

도룡(屠龍), 마음의 용을 죽여라

>

연꽃 만나러 가는 길은

내 심상(心象)을 돌아보는 길

— 2016. 7. 19.

서울 만남
— 고 이호철(1932-2016) 선생 영전에

1932년 원산에서 태어나 월남하시어
『서울은 만원이다』를 쓰실 때

경상도 상주에서 태어나 상경하여
서울대 법학교수 되어 살아왔지요

선생은 평생 분단문학으로 사시다
2004년 독일에 쉴러상 받으러 오셔서

프랑크푸르트 마인강 변 맥줏집에서
밤늦도록 깊은 대화 나누었지요

다시 2012년 삼일문화상 함께 받으며
오는 길 달랐지만 가는 길은 같다고
마음에 안부 빌며 살았는데

2016년 오늘 《동아일보》에 나란히
졸시집 기사 옆에 선생의 부음 기사

오고 가는 길 어찌 설명해야 할까요
다시 만날 날은 영 없나요

초만원의 서울에서는…

— 2016. 9. 18.

순수감정어

"아!" 하고 한국인이 놀랄 때
"아하!" 하고 독일인이 놀란다

"와우!" 하고 미국인이 외칠 때
"우와!" 하고 한국인이 외친다

순수한 감정마저
나라마다 달라야 하나

감정은 언어의
앞인가 뒤인가

같은 순수감정어가 있다면
세상은 얼마나 평화로울까

신(神)은 천지창조 후
무어라 "좋다" 하셨을까?

— 2016. 11. 11.

존재(存在)

없지 않고 있다
있어서 고맙다

캄캄한 밤에도
차가운 겨울에도
때로는 바람으로

드러내며 숨으며
존재는 말한다
자기를 주장한다

그렇지만 언젠가는
시간과 공간에서
사라지고 말 존재

있는 동안 받아들여야 한다
지나가는 의미를 사랑해야 한다
무조건 감사

— 2017. 4. 19.

물새 발자욱

— 박태준(1900-1992) 회상

윤복진 작사 박태준 작곡 〈물새 발자욱〉
내 고교 시절 대구에서 배웠다

오랜 서울 생활, 외국 생활
서양음악, 유행 가요에 팔려
내 정서 엉망으로 헝클어졌다

대구 와서 다시 찾은 물새 발자욱
부를수록 마음에 평사낙안(平沙落雁)
어느새 애창곡으로 되살아났다

해 저문 바닷가의 물새 발자욱이
왜 내 마음 이리도 위무시키나
70세의 해 저문 어둑한 바닷가
이제는 내 발자욱 돌아볼 때

나는 한 마리 물새!

— 2017. 6. 4.

밤의 명인뜨락

우면산에 어느새 어둠 내리고
서울 장안 네온사인 빛나면

아홉 분 국악 명인 좌대에서 내려와
슬슬 자리 펴는 명인뜨락 무대

신재효 선생 판소리에서
안비취 명창 경기민요 한가락

김천홍 선생 춘앵전 한 바퀴에
한영숙 여사 살푸리가 따른다

너울너울 굼실굼실
어디서 이런 한마당 볼 수 있나

나만 듣고 보는 국보급 공연
풍류의 한마당 잔치

이런 축복 어찌 시 한 수에 담으리
밤의 명인뜨락에서 취하기나 하지

— 2017. 10. 3.

음용 부적합

언제부터 못 마신다는 건가?
우면산 유점사 아래 약수터
'음용 부적합' 표지가 붙어있다

백제승 마라난타의 풍토병을 고쳤단 약수
방배동 30년 주말마다 보며 살았는데
6년 전 폭우 때문, 아니면 군부대 시설 때문?

그래도 졸졸졸 흘러나오는 물
옆에는 여전히 플라스틱 바가지

에라, 한 모금 마시자
음용만 부적합이냐
나는 얼마나 생존 적합이냐

부적합에 부적합을 합하면
적합이 되는 방정식은 없더냐
음용 부적합에 생존 부적합
끼리끼리 가만히 공생하자

〈추신〉

지난주까지 붙었던 '음용 부적합'이 없어졌다
그렇다고 '음용 적합' 표지는 없지만…

— 2018. 1. 14.

유명한 무명 시인

저기 유명한 무명 시인이 간다
걷다가 가끔 하늘을 쳐다본다
얼마나 유명한지, 얼마나 무명한지
그(녀)도 모르고 나도 모르지만
몇십 년 시를 쓰고 지금도 쓴다
등단을 했는지 시집을 냈는지
어느 문학 단체에 속했는지
그(녀)는 아무 관심이 없다
왜 시를 쓰는지 얘기하지 않는다
시인인지 아닌지 수상쩍기도 하지만
분명한 건 시를 쓰지 말라면
그(녀)는 내일 죽을 것이다

— 2018. 1. 14.

시경루(詩境樓)

1846년 제주도 귀양처의 추사(秋史) 선생
예산 고향 화암사에 써준 〈시경루(詩境樓)〉 현판

70 평생 벼루 열 개와 붓 천 자루
갈고 닳려 이룩한 고졸(古拙)의 추사체

진주에도 〈시경루〉 시조 문학관이 섰다는데
70 된 나의 시경루는 아직껏 어디?

허공의 신기루(蜃氣樓)는 처음부터 안 되고
마음속 깊은 골짝
시가 될 듯 말 듯 경계선인가

한 해 한 해 감정은 메말라 가고
표현의 두레박은 녹슬어 가는데
시경은 아직도 안개 속 먼 불빛

새 마음으로 시경루를 쌓자
추사의 문자향(文字香) 서권기(書卷氣)로
다시 오르는 나의 시경루를.

— 2018. 2. 10.

과지초당(瓜地草堂)에서

엄동 추위 스르르 풀린 날
배낭 메고 혼자 우면산을 넘었다

선바위역에서 양재천을 넘어
경마장 담장 옆으로 마냥 걸었다

광창리(光昌里) 삼부골을 지나자
옥수봉 아래 과지초당 추사박물관
한나절에 닿은 동아시아 서예성지

관악산을 넘으면 자하 선생 사셨고
우면산을 넘으면 청리 선생 살았다고
후세에 어느 누가 함께 기억해 주랴만

과지초당까지 나 혼자 걸어왔다
동아시아 역사를 가로질러 왔다
모두 한 고을에 살았다고만.

— 2018. 2. 10.

사이를 흐르는 강

시간, 공간, 인간
나는 세 사이(間) 속에 산다

시간은 어제도 내일도 아니고 항상 오늘
공간은 어느 곳도 아니고 항상 여기

나 혼자 사는 것이 아니고
항상 사람 사이에 산다

가끔은 어제와 내일을 생각하고
가보지 못한 곳을 동경하지만
사람과 사람 사이에서
부딪치며 살기가 쉽지 않다

떠날 수 없는 3차원의 사이에서
부딪치고 갈등하고 후회하고
운명이란 말은 감추려 애쓰지만

내 존재를 둘러싼 이 사이를
흐르는 강물은 말이 없고
던져져 있는 나는 헤어날 수 없다

— 2018. 3. 14.

판전(板殿)에서

추사(秋史) 선생 별세 사흘 전에 써준
봉은사의 〈판전(板殿)〉 현판

“땅바닥에 지팡이로 쓴 글씨 같다”(유홍준)
정말 고졸미(古拙美)의 극치구나

다시 와보니 문은 잠겨
화엄경 등 판각은 볼 수 없고
사법고시, 행정고시, 외무고시 합격 보장해 준다
100만원 100일 기도회 포스터만

판전 현판 다소 허허롭게 쳐다보다
옆에 선 미륵불상과 고마이누 해태상

앞마당에 홍매 가지만 말없이
꽃망울 터뜨리고 있더라

— 2018. 3. 25.

칸트 씨 목도리

양재천 개울가 의자에 앉아
책만 읽는 칸트 씨 동상

지난 겨울 맹추위 나시라고
어느 여성(?)이 걸어준
빨간 목도리

평생 독신으로 산 독일 철학자
한국인의 마음이 전해질까

북독 쾨니히스베르크 아닌
서울의 겨울을 잘 넘기셨으니
봄날 수양버들도 좀 둘러보시고
한국 밤하늘의 별도 쳐다보셨으면

철학이 뭔지 아직도 모르지만
마음으로 오는 따뜻함
거기서 시작하는 것이라면

— 2018. 4. 1.

길

평소에는 길을 따라 걷지만
가끔은 길 아닌 길 찾는다
길을 도무지 모를 때
아니면 빨리 가고 싶을 때
나는 새 길을 찾고 있다
발자국이 쌓이면 길
바른 길 아니면 가지 말라
새 길을 개척하라
언제나 헷갈리는 교훈
어쨌거나 한번 밟은
나의 길은 소중하다
함부로 뛰지 않고 차분히 걷고 싶다
가끔 시상(詩想)이 떠오르면
길 위에 서서 한 수(首) 쓰면서
어느새 내가 온 길이 멀다
모든 길을 밝혀 주는
길 아닌 길을 꿈꾸면서—

— 2018. 6. 5.

대지월(大地月)

동서(東西)의 만남 이전 전생(前生)의 인연인가
1960년 낙선재(樂善齋)에서 최진주(Pearl Buck) 여사 만나고
다섯 해 더 살고 가신 조선의 마지막 국모(國母)

순종 황제의 윤 대비마마 순정효황후(純貞孝皇后)
구중궁궐 속 마지막 꽃송이로 떨어질 때까지
상궁들과 한문 영어 일어까지 익히시며
읽은 소설 천여 권 '낙선재문고'로 남기셨다

첩첩 갇힌 한평생도 마음은 푸른 하늘
『대지』 읽은 자리에서 그 저자까지 만나고
선교사의 딸 입에서 "모든 종교는 같다"는
노벨상 탄 사랑스런 두 살 언니의 고백 듣고

드디어 용기 내어 예명인지 법명인지
'대지월(大地月)'이라 자정(自定)했으니

광활한 대지 위의 달이 되고 싶으셨구나
보내고 그린 정을 그렇게 붙드셨구나
마지막 황후의 심혼이 내 마음 울린다.

— 2018. 8. 14.

딜쿠샤 1923*

인디아 어디도 아니고
이스라엘 어디도 아니고
코리아 서울 인왕산 자락
영국 처녀 메리와 미국 청년 테일러
호박 목걸이 차고 신혼 꿈꾸었네
천둥 벼락에도 든든히 지켜준 은행나무
일제(日帝)의 등살에 버리고 간 보금자리
'귀신 나오는 집'으로까지 전전하다
70년 만에 옛 전설 주인 찾아
박물관으로 환생하는 〈DILKUSHA 1923〉
곤두박질 친 세계사를 배회하던 행복
마침내 그리던 한국인 품에 안기네
주춧돌에 박은 〈시편〉 127편 첫 구절**
드디어 한국사에 활짝 꽃피네
고난에 익은 참 행복으로

— 2019. 3. 15.

---

* 〈딜쿠샤와 호박 목걸이〉 전시회(서울역사박물관, 2018. 11. 22.~2019. 3. 10.)를 관람하고. DILKUSHA는 '행복의 집'이란 산스크리트어라고 함.

** 여호와께서 집을 세우지 아니하면 세우는 자의 수고가 헛되며/ 여호와께서 성을 지키지 아니하면 파수꾼의 깨어있음이 헛되도다.

기억의 바다

내 기억의 세계는 항상
쉬임 없이 출렁이는 바다
세월에 조금씩 깎여도
멀리 갈수록 흐릿해져도
불현듯 되살아오는 흰 물결
지나면 불현듯 그리워지는
점점이 뿌려진 꽃잎의 추억
빛나는 옛 여울의 물결도
때로는 잊고 싶은 기억도
파도 위로 돌아오는 진통
애잔의 밤바다에 잠긴 무지개
개인 날 흐린 날 모두 합쳐
내일은 또다시 새로운 바다
제발 치매만 없게 해주소서
기도의 물결도 어느새 한 바다

— 2018. 10. 13.

풍류인

새해가 밝으니 또 새 기원
복 많이 받으란 췌사는 싫고
풍류인이나 되게 해주시오

하느님께 부처님께
아니면 최치원 선생께
가까이선 미당, 구상
박희진의 『풍류도인 열전』
멀리는 독일의 풍류 도사 괴테
『닥터 지바고』의 파스테르나크

철저히 무너지는 세상
세상이 막힌다고
인생도 막힐 순 없지

바람처럼 흐르지
강물처럼 흐르지
소리 없는 소리 들으며

바람과 강물은 내일도 흐른다
강변에 나가 하늘 보고 웃는다

가끔 피에로의 웃음으로

— 2019. 1. 5.

고운(孤雲) 쌍녀분(雙女墳)

12살에 당나라 유학, 급제하여 벼슬도 살다
무너지는 신라 조국 충청도 서산 지곡에서
홀로 여행길 객사(客舍)에 누워
창밖의 비석 하나 내다보며

"쌍녀분이라, 이름 모를 두 여인아
쓸쓸한 영혼끼리 한 밤 운우(雲雨)라도"
시 한 수로 풍류를 날리셨구나

경주 최씨 1,200년 후손으로
명색이 시인이란 이름으로 살며
이런 풍류 시심 얼마나 갖고 있나

단테나 괴테처럼
이승 저승 넘나들며
영혼의 시를 쓸 수 있으려면

시인아, 고운처럼 먼저
외로운 구름부터 되어라
무소유의 청정심을 가져라

— 2019. 2. 13

---

* 고려시대『수이전(殊異傳)』(1096)에 실린 고운(孤雲) 최치원(崔致遠, 857~?)의 전기(傳寄)를 담은『지곡문학』11호(2018)를 읽다.

덕수궁 정관헌(靜觀軒)에서

틈날 때마다 덕수궁 잠시 들러
양탕(洋湯)국 침출차(沈出茶) 한 잔
커피 아메리카노와 별다르지 않지만
역사를 마시는 맛이 더해 있다
서세동점(西勢東漸)의 세계사 앞에서
황제는 분명 서양을 택하셨지
영국인의 권유 따라
로서아인의 설계로 지은
유럽식 석조전(石造殿)에서 집무 보시다
수시로 동서 조화의 정자 정관헌(靜觀軒)에서
양탕국 마시던 외로운 군주
왕조여, 세월이여
역사는 민주공화국으로 흘렀건만
때때로 일렁이는 제국(帝國)의 그림자
붕어(崩御)와 3.1운동 100주년 맞은 해
양탕국 맛은 더 착잡하고
대한문(大漢門)은 여전히 함성이다.

— 2019. 4. 7.

대한문(大漢門)에서

경운궁(慶運宮)에서 덕수궁(德壽宮)으로
대안문(大安門)에서 대한문(大漢門)으로
민족사의 비운(悲運)은 이어졌지만

지부상소(持斧上疏)도 있었고
황제의 붕어(崩御)를 애도하며
독립 만세의 행렬도 있었다

국민이 주인 된 대한민국도 70년
아직도 원성(怨聲)의 구비는 그치지 않고
태극기 손에 들고 외치는 함성
나는 왜 토요일이면 이곳에 서있나

정치가 무엇이며 권력이 무엇인가
함성은 어느새 분노의 절규인데
용마루의 짐승들이 묵묵히 내려다본다

— 2019. 10. 3.

감아, 감아

페르시아에서 뒤늦게 들어왔다
이름도 퍼시몬(Persimon)
예수님도 못 자신 귀한 과일

유럽에도 미국에도 드문 과일이
어찌 머나먼 한반도에 왕성히 번식해
이 가을도 빨갛게 물들이는가

파도처럼 단청(丹靑)처럼
동으로 동으로 밀려왔느냐
고염에서 홍시, 곶감까지
너의 변형론이 자연사요 세계사

사당패 집시 따라 왔느냐
아리랑 가락 따라 왔느냐
아니면 얄리 얄리 얄랑셩

노란 감꽃 주워 목걸이 하고
단감 깍두기에 감잎차까지 마시며
홍시를 까치밥으로 남기는 나라

>

너와 함께 일생을 사는 한국인
마음만은 마냥 궁금하구나
신비한 국민 과일 감아, 감아.

— 2019. 11. 13.

서울 살기

서울 인구가 전 국민의 절반을 넘었단 뉴스
2,500만이 넘게 수도권에 살고 있으니
서울공화국 밖에 지방자치는 무엇

이호철의『서울은 만원이다』가 나온 1960년대
간신히 대학문 뚫고 상경한 나도 60년 살았는데
머리엔 서울 시민의식 얼마나 자랐나

강북과 강남의 이름 끈질기게 따라붙더니
요즘은 강남좌파의 유령이 출몰
광화문파, 여의도파 서울은 두 쪽

서울특별시에는 육신만 머무는가
내 영혼은 어디에 살고 있지
"서울은 아테네"라 부른 건 일본인 아니던가*

틈만 나면 외국으로 빠져 나가는 시민들
돌아올 때면 그래도 서울이 좋다
하면서도 서울을 얼마나 사랑하지

있는 것은 무엇이고 없는 것은 무엇인가

전쟁의 폐허에서 유리 궁전으로 화장한
서울에서 나는 얼마나 행복한가
예후다 아미하이**의 '예루살렘'이 지나간다

— 2010. 1. 12.

---

*경성제대 철학교수 아베 요시시게(安倍能成, 1883-1966)는 수필집『청구잡기(青丘雜記)』,『근역초(槿域抄)』를 썼다.

**예후다 아미하이(Yehuda Amichai, 1924-2000)는 이스라엘 시인,『예루살렘의 시 *Poems of Jerusalem*』(1987)로 유명하다.

2020년 부활절

산수유, 진달래, 목련이 이울도록
끝없는 '사회적 거리두기'로
텅 빈 성당 마당의 마리아상

60년대 코로나 자동차 이름이
어찌 죽음의 열병으로 둔갑하여
세계를 팬데믹으로 몰아넣느냐

바다 속 성게 같기도 하고
하늘의 검은 눈송이 같기도 하고
도대체 너는 어떤 정체이기에
어찌 백신조차 못 나오게 하나

쓸쓸한 바티칸 광장
혼자서 서있는 에펠탑
몰매장하는 뉴욕 공동묘지

성당도 교회도 사찰도
함께 회개하는 마음으로만
인류의 부활을 염원할 뿐

>

하늘에 높은 까치집이 부럽듯
새롭게 쌓이는 낙화의 시신 위로
생명의 원천에서 부활이여 오소서

— 2020. 4. 11.

나의 아카시아

올해도 5월 어김없이
우면산록 주렁주렁 아카시아꽃
튀밥같이 구수한 향기
한 움큼씩 훑어 따서
주린 배 채우던 어릴 적 생각

지금도 구수한 향기
꿀벌도 붕붕 찾아왔건만
바뀐 건 되레 내 쪽
사람만 꼴 아니게 되었다

전쟁에, 혁명에, 정치에
드디어 코로나 팬데믹
세계는 찌들고 겁먹은 인간상
문명은 발전인가 역병인가

헷갈리며 마스크 살짝 벗고
나의 아카시아 아카시아
지난날 애인의 이름만 부른다

— 2020. 5. 16.

만파식적(萬波息笛)이여

피리 소리 한가락에
만파가 잠잠해졌다니
신라의 피리였던가
처용의 풍각이었던가
모차르트의 마술피리였던가
상관없다, 지난날 역사보다
다급한 오늘의 코로나 만파
아시아, 유럽, 남북 아메리카
어디 만파 없는 데가 있다더냐
누구든 피리 소리 한 줄기로
성난 파도 잠재울 수 있다면
미친 짓이라도 바닷가에서
피리를 휘익 불어볼거나
이 한 목숨 걸고 피리를 불어볼거나
용왕이든 부처이든 성모 마리아이든
갈데없어 우면산 국악원 명인뜨락 누워
만파식적 태평성대 백일몽이라도.

— 2020. 7. 12.

XIII

최종고 동시선

1950년대에 경상북도 상주의 청동국민학교에 다닐 때 동시를 썼다. 담임이신 신현득 선생님의 극진하신 지도로 전국에서 유명한 '동시 꽃피는 마을'이 되었고, 현상 모집에서 상도 받았다. 윤석중, 강소천, 윤혜승, 김성도, 이응창, 김종상 선생님 들이 심사평도 해주시고 격려의 말씀도 해주셨다. 그러나 중학교 때부터 아동문학은 끊어지고 학교 공부에 매달려 대구의 경북고교 시절에는 '돌탑문학동인회', 서울대학교 법과대학에서는 '낙산문학회'에 참여하였으나 동시의 길과는 점점 거리가 멀어졌다.

1980년대에 대학교수가 되고 지금 살고 있는 방배동의 한 아파트에 이사를 오니 뜻밖에 바로 옆 댁에 윤석중 선생님이 사셨다. 거의 매일 만나면서 신현득 선생님 말씀도 나누며 지내는 것이 행복하고 감사했다. 명절 때는 아동문학가들이 문안 와서 건너편 우리 집에도 들리곤 하였다. 그러는 사이 나는 인생이 한 바퀴

도는 것 같기도 하여 잊었던 동시에 대한 추억을 되살리게 되었다. 동시는 마치 내 마음 깊은 곳에 조그맣게 옹달샘으로 고여 있는 것같이 느껴졌다.

그러나 동시를 다시 쓸 여유는 못 갖고 교수 정년 후 시인으로 등단하여 자유시를 쓰기 시작했다. 수년 전부터 신 선생님께서 동시를 써보라는 말씀을 하셨지만 바쁘다는 이유로 쓰지 못하였다. 옛 은사께서 이렇게 간곡히 권하시는 것이 깊은 뜻이 있으시겠지 하는 생각에 미치자 드디어 감행했다. 60년 전에 받던 지도를 다시 받으니 얼마나 행복한가!

내 동시를 스스로 읽어보니 역시 60년 전 어린 시절의 시골 생활이 주종이고 나의 가족사가 나타난 내용이 많다. 동시를 쓰면서 인간이 세월과 함께 얼마나 빨리 변하고 늙어가는가도 느낀다. 그렇지만 마음으로 동심을 지킨다는 것이 얼마나 소중하고 아름다운 것인지 새삼 느낀다.

— 2018. 7. 15

소꿉장난

불 때 불 때 불 때서
흙밥 해놓고
깨진 그릇 조각으로
그릇 만들어
온 식구 둘러앉아
흙밥 먹지요
떡밥은 손님 드리고
흙밥은 우리 먹지요

— 1958. 청동 4학년, 《교육시보》

개미 장날

개미 장은 며칠 만에 설까요?
매일매일 서지요.

무얼 사고팔까요?
파리 죽은 것
지렁이 죽은 것을 갖다 팔지요.

개미의 장터는 어디일까요?
컴컴하고 좁다란 굴 안이지요.

— 1959. 청동 5학년

＊이 작품에 대해 강소천(姜小泉) 선생님은 "동화를 읽는 것 같으나 어딘지 억지가 있는 것 같다."고 평을 쓰셨다.

공 받기

공이 하늘에
높이 올랐다

공 밑에는
꼬마 손들이
오물오물

"나야 나"
"나야"

— 1959. 4. 5.《영남일보》

울타리 구멍

개나리 울타리
구멍으로
암탉이
쏘옥

알 낳으러 가는 게지요.

싸리 울타리
구멍으로
강아지가
쏘옥

엄마 젖 빨러 가는 게지요.

— 1959. 청동 5학년

아기 밥

조그만 숟가락
밥 위에

엄마가 빤
김치 한 조각

김치는
엄마가 빨아야
맛이 있대요.

— 1959. 청동 5학년

*1959년 5월 새벗사 7주년 기념 어린이 현상작품모집에서 최종고의 「울타리 구멍」과 「아기밥」이 동시에 입선작으로 당선되었다. 《새벗》지에 작품과 함께 내 얼굴 사진과 당선 소감이 실려 무척 좋아했다.

가을밤

멍멍
앞집 개가 짖으면
손에 쥔 연필을 놓고
가만히 귀를 기울입니다.

바스슥 바스슥
마당 옆 수숫잎이
나를 또 놀라게 합니다.

— 1959. 청동 6학년

* 이 시에 대해 아동문학가 윤혜승(尹惠昇) 선생님은 다음과 같이 평하셨다. "최종고 군의 이름은 이제 낯익었습니다. 최 군의 자라나는 마음의 모습이 퍽 정다워집니다. 어디 이 긴 밤에 얘기라도 함께 나누고 싶군요. 나는 이 밤에 먼 거리에서 오는 클랙슨을 듣고 있습니다. 점점 늘어가는 솜씨가 미덥습니다."

까치밥

온 식구 안 따 먹고
남겨 둔 까치밥

드디어 까치가
따 먹고 날아갔다

고맙다 까치야
밥 먹고 힘내어

까악 깍 까악 깍
기쁜 소식 전해 다오

— 2018. 4. 30.

접시꽃

저 집 식구들은
빨간 접시로만 밥을 먹나 봐

다 먹은 접시들을
키 순서로 쌓아놓았네

아니. 저기엔
흰 접시도 있잖아

그리고 냅킨은
모두 푸른색

접시꽃 한 그루에
온갖 것 다 갖춰있네

빈 접시로 배부른
접시꽃

— 2018. 7. 7.

우리 집 골목길

우리 집 골목길은
할아버지가 고욤나무 접붙이시던 길

우리 집 골목길은
아버지가 감나무 키우신 길

우리 집 골목길은
내가 홍시 따 먹는 길

올해도 감꽃이 노랗게 떨어진
오랜 우리 집 골목길

— 2018. 5. 1.

풍금 소리

우리 학교 교무실 앞 복도에
세상에서 제일 좋은 풍금

아침마다 풍금 치려고
제일 일찍 등교해요

푸른 하늘 은하수도 치고
우리 학교 교가도 치고

풍금 소리에 맞춰
방긋 웃는 해님

풍금 소리가 귀에 쟁쟁
하루 종일 신난다

— 2018. 5. 4.

소쩍새

소쩍 소쩍
너는 언제나
솥이 적다고 하니

그래 풍년이 온다고
솥을 크게 하라고

소쩍새는 밤마다
미리 알려 준다고

아빠와 엄마는
싱글벙글

— 2018. 5. 4.

기차역

철로가에 핀 코스모스 따라가면
어느새 청리 기차역

철도원 아저씨가 손을 흔들면
칙칙폭폭 기차가 떠나간다

기차에서 내린 손님들
모두 훌륭한 사람들 같다

다시 걸어서 수십 리
뿔뿔이 사라지는데

나는 떠나는 기차만
열심히 바라본다
나도 언제 기차 한번 타볼까?

신작로

산길 논둑길 걸어서
돌자갈 덮인 신작로에 오면

양쪽으로 미루나무 가로수
버스가 지나가면 뽀얀 먼지

신작로를 걸어 학교에 간다
들길보다 싫지만 빨리 가는 길

버스도 타고 싶지만
어디로 가는지도 모른다

아침 등교 때 걸어와
저녁에 돌아가는 신작로

고무신 배

한겨울 짚신만 신다
새로 신은 고무신

엄마가 장날 가서
사다 주신 검정 고무신

가끔 발에서 땀이 나
찍찍 미끄러지지만

냇물에 떠내려가도 가라앉지 않고
돛단배처럼 간들간들 떠내려간다

달려가 버드나무 가지 잡고
고무신 배 잡아 다시 신는다

— 2018. 5. 18.

아리랑 합창단

내가 아리랑 아리랑
소리 내어 부르면

어느새 엄마 아빠도
따라 부르고

할머니는 춤
할아버지는 박수

우리 집은 내가 하는 대로
순식간에 아리랑 합창단

— 2018. 4. 30.

쌀밥 보리밥

할아버지 밥그릇은
흰색 쌀밥

아버지 밥그릇은
절반만 흰색

엄마와 우리는
꽁보리밥

우리는 저마다 맛있게
뚝딱 다 먹는다

숭늉 한 그릇 벌컥
아, 잘 먹었다.

— 2018. 5. 18.

낡은 내 책상

우리 집 내 책상은
아버지가 쓰시던 책상

그걸 나에게 물려주시고
군대에 가셨대요

전쟁이 끝나도 돌아오지 않고
책상이 기다려도 돌아오지 않고

그 책상만 내가 물려받아
공부도 하고 글도 쓰지요

내 책상은 우리 집 역사
낡은 책상이지만 나는 좋아요

— 2018. 7. 3.

남북통일만 되면

전쟁만 없었다면
나도 아버지가 계신다고

할아버지, 할머니
엄마와 나는
아버지만 기다리며 살았어요

골목길만 내다보아도
영영 오시지 않는 아버지

이젠 남북통일만 기다려요
통일 되는 바로 그날
아버지는 장군으로 돌아오실 거예요

— 2018. 7. 3.

시계 밥 주기

"얘야, 시계 밥 줘라"
엄마 말씀

나는 의자를 놓고 올라가
안방의 큰 시계 유리문 열고
밥 구멍에 쇳대 꽂고
찌익찌익 열 번 돌린다

우리 집 시계는
하루에 한 번
밥을 먹어야 간다

나는 세 번 밥 먹지만
시계는 한 번만 먹고도
째깍째깍 잘 달린다

엄마는 내 밥을 주고
나는 시계 밥을 준다

외나무다리

우리 동네 앞 냇가에
외나무다리

홍수만 지면 떠내려가
다시 놓는 다리

사람도 건너고
자전거도 건너고

장돌뱅이도 건너고
주정뱅이도 건너고

정신만 바짝 차리면
떨어지지 않는대요

나도 하늘 한 번 쳐다보고
저 끝에서 이 끝까지

— 2018. 5. 4.

산길

아지랑이 가물가물
꼬불꼬불 산길

그 속에서 나뭇짐이 나오고
호랑나비가 따라온다

우리 집 온 동네
산길로 살아간다

산속으로 가는 길
산속에서 오는 길

— 2018. 5. 4.

은하수

저녁 먹고 온 식구
냇가 모래사장에 누워
하늘의 별 쳐다보면

누나가 "푸른 하늘 은하수"
"하얀 쪽배엔"은 함께 부른다

은하수는 어디로 흐르나?
아빠는 미국으로 흐른다 하고
엄마는 천국으로 흐른다 한다

엄마도 아빠도 자신 없는 듯
나는 "하늘에서 흐르지" 한다
내가 가는 곳으로 흐르는 은하수.

책 읽는 동네

한밤중 공부하고 있는데 멀리서
서당 할아버지 글 읽는 소리

노랫소리 같기도 하고
바람 소리 같기도 하고

나도 국어책 꺼내어
큰 소리로 읽는다

서당은 벌써 없어지고
나는 학교에 다니지만

늦은 밤 함께 책 읽는 소리
우리 동네 책 읽는 동네

— 2018. 7. 9.

동시 꽃피는 마을

와, 우리 학교가 동시 꽃피는 마을
김성도 선생님이 지어주셨단다

우리가 쓴 동시가
전국 모집에 당선되고
대구 서울서 시화전도 하고

동시 꽃피는 마을은
우리 마음에서 피었다

아름답게 살으라고
동시처럼 살으라고

---

* 청동국민학교는 아동문학으로 이름나 아동문학가 김성도(1914-87) 선생이 '동시 꽃피는 마을', 윤석중(1911-2003) 시인이 '동시의 마을'이라 이름을 지어주셨다. 2011년에 폐교되어 운동장 터에 필자가 쓴 「동시 꽃피는 마을」 비석만 서있고, 문헌은 낙동강문학관에 보존되어 있다.

펄 벅 할머니

펄은 진주이고
한국 이름은 최진주래요

『대지』라는 소설로
노벨상도 받으셨고

미군 아빠 한국 엄마
눈 색깔 다른 아이들
품에 안고 키우셨대요

한국을 무척 사랑하신 할머니
나도 사랑하고 싶어요

미국에 묻혀 계시지만
가까이 보고 싶은 할머니

— 2018. 4. 30.

명인뜨락 춤 할아버지

우면산 아래 국악원 명인뜨락에
항상 빙그레 웃는 할아버지 동상

순종황제 앞에서 춤추셨단
김천흥 할아버지

이웃집 할아버지로 사실 때처럼
그냥 매달리고 싶어요

나도 춤추고 싶어요
할아버지 손을 잡고
둥실둥실 추고 싶어요

해설

이렇게 생각한다 — 최종고 교수와 시문학

김용직(서울대 명예교수, 학술원 회원)

시와 같이 세계를 여행하면서 역사와 인물과 자연을 만나는 시집

신현득(아동문학가·시인)

이렇게 생각한다
— 최종고 교수와 시문학

김용직● 서울대 명예교수, 학술원 회원

1.

공자(孔子)의 언행록인 『논어(論語)』에는 '군자불기(君子不器)'라는 구절이 있다. 여기 나오는 군자란 선비의 완성형인 전인격적 실체를 가리킨다. '불기(不器)'에서 '기(器)'는 한 갈래, 한 테두리에 갇혀버린 기능이나 기술을 뜻한다. 그러니까 '불기(不器)'란 목수나 미장이, 어릿광대나 도공(陶工)처럼 한 가지 분야에 갇혀버린 경우가 아닌 종합적이며 총체적 세계인식의 능력을 갖춘 선비를 가리키는 것이다.

2.

일찍부터 선비란 글을 읽는 사람에 수렴된 개념이다. 우리 전통사회에서는 글을 읽되 사무치게 읽어 경서(經書)와 제자백가(諸子百家)에 두루 통달한 사람을 가리켜 선비라고 불러왔다. 군자는 그들 가운데 수기(修己)를 통하여 덕성을 함양한 사람을 가리키는 말이었다. 이런 기준으로 보아 최종고 교수는 현대판 선비의 호칭이 맞춤옷처럼 잘 어울리는 사람이다.

학부에서 그는 입신양명의 지름길로 생각된 법학과를 택했다. 그가 법대를 다닐 때만 해도 그 출신자가 정부기관에 진출한다든가 재벌 기업의 계열사에 취직하여 출세가도를 달리는 일은 시렁 위에서 떡을 집어먹는 일처럼 손쉬웠다. 이런 상황 속에서 최종고 교수 아닌 학생 최종고는 그러나 잡담 제하는 태도로 연구자의 길을 택했다. 학부를 마치자 그는 연구실에 남기로 하고 대학원에 진학했다.

이어 그는 유학의 길을 택하여 독일에 유학했다. 거기서 그 무렵까지 한국에서는 처녀지로 남은 법사상사학(法思想史學)을 전공분야로 잡았다. 그 이전 우리 학계에서는 극히 소수의 사람에 의해 법철학(法哲學)이 학부의 교과목으로 강의되고 있었다. 서구 중심의 것이었지만 법학의 역사를 다루는 법제사(法制史)를 전공해서 가르치는 예도 없지 않았다. 그러나 양자를 접합·종합적으로 다루는 법사상사는 아직 우리나라에서 생소한 분야로 남아있었다. 최종고 교수는 이 연구분야의 서부를 발견하자 망설이지 않고 그 수용과 정립을 꾀하기 시작했다.

독일에서 최종고는 대륙 쪽 법철학자 라드브루흐(Gustav Radbruch)를 발견하여 그의 저서와 논문들을 집중적으로 탐구하고, 귀국 후 활발히 소개하였다. 본래 '군자불기(君子不器)'란 여러 분야를 두루뭉수리로 하되 그에 그친 사람을 가리키지 않는다. 오히려 그 반대로 한 분야를 사무치게 파헤쳐서 그에 철한 사람이 군자가 되는 기본 요건을 지닌 사람이다. 최종고 교수는 바로 그런 자격요건의 보유자이다.

3.

최종고 교수의 또 다른 특징적 단면은 그가 여러 분야에 걸쳐 재능을 가진 점이다. 전공을 법사상사로 택한 연구자답게 그는 법학의 역기능을 헤아리고 그 한계에 대해서도 상당량 배려하는 시간을 갖는다. 그는 법이 규정과 조문으로 오해되는 경우 그 부작용으로 인간이 배제되어 버린다는 사실에 일찌감치 눈떴다. 그는 라드브루흐의 배후에 괴테가 있음을 발견했다. 이런 인식은 그에게 한동안 시인이며 작가로서, 나아가 전인으로서의 괴테를 파헤치도록 만들었다. 한편 학문적 연조가 깊어지도록 최 교수는 조선왕조 후기의 실학파 가운데 정다산(丁茶山)에게 특별한 매력을 느꼈다. 괴테와 다산이라는 동시대인을 비교하여 동서양의 차이에도 불구하고 많은 공통점을 발견한 『괴테와 다산, 통하다』라는 저서를 냈다.

2000년에 최 교수는 한국인물전기학회(韓國人物傳記學會)를 만들어 지금까지 주재하고 있다. 매월 개최하는 이 학회는 지금까지 60회에 이르도록 한국인뿐만 아니라 외국인까지 인간으로 평등히 다루어 연구자에게 발표의 기회를 제공하고 있다.

최 교수는 체질적으로 타고난 공부꾼이다. 지금도 방학을 맞으면 그는 빠짐없이 해외행 비행기를 탄다. 그런데 이 해외 체제가 단순히 관광의 차원에 그치는 일은 한 번도 없다. 지난 겨울방학에는 미국 로스쿨에서 강의하고, 여름방학에는 유럽에서 학회에 참석하고 괴테의 발자취를 섭렵하였다. 내년에는 다시 독일에서 한국법과 동아시아법철학을 강의할 예정이다.

남달리 지적 호기심이 강한 최 교수는 그와 아울러 여러 예술 양식에 대해 유별난 몰입벽도 가진다. 일찍 그는 '법은 상점이요 음악은 성전'이란 괴테의 경구에 깊이 매료된 적이 있다. 그 나머지 한동안 그는 국악과 춤사위에 적지 않은 관심을 기울였고, 우리 전통 예술의 정수를 뜻하는 서예를 수련한 이력도 가진다.

최종고 교수를 말할 때 또 하나 빼놓을 수 없는 것이 그의 그림 솜씨다. 그에게는 독일을 비롯한 유럽 여러 나라를 여행할 때마다 그린 스케치들이 많이 있다. 미국과 일본, 중국, 몽골, 더 멀리 하와이와 타히티까지 가서 그린 것들도 있다. 최종고 교수의 그림에는 그의 성품과 의식, 내면세계가 그대로 드러난다. 그가 그려낸 산과 강, 하늘과 땅, 나무와 집들은 모두가 그 자체로 자족한 존재인 동시에 특수성과 함께 보편적 의미를 지닌 듯 생각된다.

4.

시 쓰기로 나타나는 최종고 교수의 예술 행위는 '군자불기(君子不器)'의 또 다른 논증 형태와 같은 것이다. 그의 시 쓰기는 고향 상주에서 초등학교를 다닐 때부터 시작되었다. 아동문학가 신현득 선생님의 지도를 받은 소년 최종고의 작품은 교내외의 백일장에 번번이 당선되어 여러 번 상을 탔다. 그의 재주가 아동문학의 대가인 윤석중·강소천의 레이더에 걸렸다. 그들에 의해 문학

소년 최종고는 《새벗》지 등에 작품들이 뽑혀 어엿하게 중앙지에 이름이 올랐다. 그 후 경북고등학교를 거치면서 그는 〈돌탑〉 문학동인회를 만들어 글짓기를 사랑하였다.

그러나 대학에 원서를 내는 과정에서 수험생 최종고는 일단 순문학 전공의 꿈을 못 이루었다. 공부 잘하면 으레 법대나 상대에 가야 한다는 게 그때도 일류 학교의 분위기였다. 어린 소견에 그도 어딘가 문학의 길이 후미지고 즐거움보다 괴로움이 뒤따를 것 같은 생각이 들었다.

낙산 밑 서울법대의 강의실과 도서관에서 전공으로 택한 법학 서적 갈피에 밑줄을 그어가면서도 법대생 최종고는 현민 유진오가 만든 '낙산문학회'에서 문학의 숨통을 터놓으며 공부했다. 법학 노트가 아닌 그의 또 다른 노트에는 습작시들이 수시로 추가되었다. 단적으로 말해서 최종고에게 법학은 전공 분야였다. 그러나 시는 그에게 그런 개념을 넘어서 존재한 생리의 결과였고 숙명 같은 것이었다.

많은 최종고의 작품에서 우리가 읽을 수 있는 것은 시가 일상이며 그의 생활 자체라는 점이다. 기법으로 보면 최종고는 대체로 진술의 차원에서 그의 말을 쓰고 작품을 꾸려나간다.

서울의 빨래터 청계천
옛 이름만으로 40년을 살며

도시 빈민, 고가도로
지저분한 청계상가

망각의 지대로만 지내오다

서울市長 덕분인지
환경운동 덕분인지
오늘 맞는 새물맞이
참으로 역사적인 날!

어제오늘만도 120만 인파
서울, 시골, 외국인까지
사람의 물줄기가 더 세찬데

나도 한몫 끼어 걷는다
물길 따라, 들풀길 따라

광교, 수표교, 나래교
일부러 징검다리도 건너보고,

평화시장 전태일상 앞에서
옛 추억에 사진도 찍고,

아 살다가 이런 날도 있구나!
역사, 자연, 인생이 하나 되는 날.
— 2005. 10. 2.

— 「청계천 새물맞이」 전문

이런 보기에서 나타나는 바와 같이 최종고 교수는 그의 시에 그가 일상 보고 느끼는 일들을 그대로 적었다. 이 작품이 일상적 차원의 평서문과 다른 점이 있다면 그것은 마지막 한 줄에 있다. 일상적인 차원에서 새로 만든 청계천 변을 걷는 것은 소재 자체다. 그것이 시가 되고 예술의 차원에 이른 것은 '역사, 자연, 인생이 하나'되는 날이란 최 교수 나름의 사실 파악을 통해서다. 그런데 최 교수의 이런 시 쓰기는 우리와 동시대 시인들이 항용 사용하는 기법과 다소 거리를 가지는 일이다.

현대에 접어들면서 시 쓰기에는 명백한 정식이 생겼다. 일차적으로 현대시는 진술 형태를 피한다. 대부분의 경우 시인들은 그가 쓰고자 하는 소재나 내용을 감각적 실체로 전이시킨다. 심상의 제시라고 정의되는 이 기법은 구체적 물상이 아닌 소재를 노래하는 경우 더욱 가속 상태가 된다. 현대시에서 사상이나 관념을 그 자체로 노래하는 것은 시인이 금기로 삼아야 할 첫째 교의가 되는 것이다.

현대시의 뼈대를 이루는 또 하나의 특징은 그 실험성으로 이야기 될 수가 있다. 전 단계에서 우리 주변의 많은 시인들은 근친 관계가 있는 소재들을 엮어 시를 만들었다. 현대에 접어들자 시인들은 이 교의를 일차적으로 부정, 배제했다. 이 단계에서부터 시란 이질적 요소의 폭력적인 결합을 뜻했다. 우리 경우에도 주요한이나 김억의 단계와 그다음 단계의 시 사이에는 기법에서 차이가 있다. 주요한과 김억의 단계에서는 봄을 노래한 작품에서 으레 진달래, 개나리가 등장하고 아지랑이와 시냇물이 소재로 쓰였다. 그것이 이상(李箱)에 이르러서야 빨래터 풍경이 '비둘기를 타

살(打殺)하는 전쟁'으로 전이되었다. 서정주(徐廷柱)는 그의 초기 작품의 하나에서 보리가 패어난 우리나라 농촌의 일각을 애기를 먹고 피를 토하면서 울음 우는 (꽃처럼 붉은 울음) 문둥이의 심상과 일체화시켰다.

얼핏 보면 최종고의 작품에는 현대시 쓰기의 전제 원칙이 잘 드러나지 않는 듯 생각될 수가 있다. 그러나 이런 이야기가 그의 시를 부차적인 자리로 돌리게 하는 것은 아니다. 지금 우리는 거의 흙탕물처럼 넘쳐나는 의사 현대시의 홍수를 바라보고 있는 꼴이다. 우리 주변의 많은 시인들이 실험의 이름 아래 자신도 모르는 말들을 써서 그것을 시라고 발표한다. 시인 자신도 모르는 작품을 일반 독자들이 읽고 즐길 리가 없다. 그런 시에서 작품이 빚어내는 아름다움이 생기고 그를 통해 예술의 빛깔과 향기가 빚어질 리는 더더욱 없다, 여기서 현대시의 방향전환 요구가 필연적인 것이 된다. 최종고의 어떤 작품에는 현대시의 한계상황을 지양할 가능성을 점치게 하는 것이 있다.

나무가 서있다.
봄여름 뿐 아니라 겨울에도
나무는 언제나 거기 서있음에도
사람들은 무성한 잎만 쳐다볼 뿐.

존재는 없지 않고 있음에도
사람들은 존재를 외면하며 살고 있다.

법은 당위를 명령하고
거슬리면 형벌을 내린다.

화가들은 존재를 즐겨 그리지만
때로는 함부로 망가뜨리기도 한다.

언어도 마찬가지.

존재는 떠날래야 떠날 수 없이
머물러있는 운명과도 같은 것.

존재의 집 속에 있는 나도
나를 떠날 수 없이 사는 것인데

어디서 무슨 구원(救援)의 종소리라도 들렸으면
바라는 것도 내 존재의 마른 목소리–
— 2003. 11. 13.

—「존재의 나무」 전문

이 작품에서 일차적인 소재는 나무다. 그러나 첫 연으로 그것은 물리적 차원에 그치는 나무가 아니라 우리 자신, 곧 인격적 실체에 수렴되어 있다. '언제나 거기 서 있는' 나무는 그 자체로 본다면 하나의 물상에 지나지 않는다. 그러나 그것을 사람들이 '무성한 잎만 쳐다볼 뿐'이라고 한 다음 '존재'라는 어사가 나오는

데에 주의가 필요하다. 잎이나 줄기는 기실 나무의 한 부분들이 지닌 현상일 뿐이다. 이들 전변(轉變)하는 외형으로서의 나무는 본질적인 의미의 나무가 아니다. 실재로서의 또는 존재로서의 나무는 그런 현상의 장막 너머에 있다.

이 작품의 후반부는 최종고가 만든 시론이다. 그에게 시란 이 단계에서 존재의 집을 뜻한다. 여기서 법(法), 또는 법학은 인간의 진실 파악을 외면한 채 선입견을 바닥에 깐 당위론을 펴고 그런 표준에 맞지 않으면 형벌이나 과하는 억지로 규정되어 있다. 그림에 대해서도 최종고는 거의 비슷한 생각을 한다. 제대로 된 화가들이 표현하고자 하는 것은 바로 존재 자체다. 그러나 대체로 그들은 그 지름길을 발견하지 못한다. 많은 범용한 화가들은 사물의 본질을 왜곡하고 그 현존재에 이르지 못한 채 사물 자체를 파괴해 버린다. '존재의 집 속에 있는 나도 / 나를 떠날 수 없이 사는 것인데', 여기서 최종고 교수 아닌 시인은 '내'가 끝내 '나'인 채 구름과 안개에 싸인 것에 고민한다. 그는 참된 자신이 그렇게 존재 망각에 그칠 수 없는 '현존재(現存在)'가 되어야 함을 어렴풋이나마 깨닫는다. 그런 나에게 시인은 어쩔 수 없는 연민의 눈길을 보낸다. 이것이 이 작품의 의미망이며 내용의 핵심이다.

이렇게 이 작품을 읽으면 이 작품의 마지막 두 줄이 갖는 의미가 어느 정도 떠오른다. 단적으로 말해 이 작품은 나무를 매체로 한 '나'의 노래다. 최종고 시인은 여기서 끝내 실존의 경지에 이르지 못하는 '내'가 못마땅하다. 그러니까 그는 '무슨 구원의 종소리'라도 들렸으면 바라는 것이다. 이런 읽기의 결과 우리는 최종고 교수가 우리 주변에서 보기 드물게 형이상의 차원을 다룬 시인임을 알게 된다. 형태, 기법의 문제를 떠나 이것은 우리 시가 지녀야 할 중요 자산 목록 가운데 하나가 아닐 수 없다. 법사상사 학자로서의 최종고 교수에게 이런 일면이 있다는 것은 여간 신기하고 다행한 일이 아니다. 끊임없이 '나'와 세계 인식의 새 차원을 구축해 나가려는 이에게 60년이란 나이는 절대적인 의미를 지니는 것이 아닐 수 있다. 앞으로도 그의 시업(詩業)이 계속 새로운 경지에 이르기를 바란다.

—『詩 쓰는 법학자』(2007) 해설

시와 같이 세계를 여행하면서 역사와 인물과 자연을 만나는 시집

신현득 ● 아동문학가·시인

최종고 교수는 필자의 초등학교 학반 어린이였다. 그리고 필자가 지도하는 글짓기반에서 활동하고 있었다. 64년 전 옛날 이야기다. 그때 최종고 어린이는 까만 운동모자를 쓰고 학교에 다녔다. 살결이 곱고, 동그란 얼굴이 아주 예쁘고 귀여웠다. 목소리까지 곱고 귀여웠다. 그 위에 공부를 잘해서 선생님들 사랑을 많이 받았다.

'청동(青東)'이라는, 최교수의 모교는 경북 상주에 있는 시골 학교였다. 세운 지 얼마 되지 않은 학교여서, 어린이들은 임시로 지은 가교사에서 공부를 했다. 전쟁 후 나라 형편이 넉넉지 않은 때라 교실 창문에 유리를 끼우지 못하고 문종이를 발라서 바람막이로 삼고 있었다.

이 학교는 어린이들 글솜씨가 알려져 있었다. 1956년 경북 도내 예술대회에서 어린이 시짓기에 3등을 한 것이 시작이었다. 이어서 여러 글짓기잔치에 나가서 상을 받아오기 때문에 학교 이름이 알려진 것이다. 이 글짓기운동은 이웃 여러 학교로 전해져 상주 글짓기회가 조직되기도 했다. 글짓기는 과외활동으로 발전하였는데, 시간이 부족해서 밤 시간에 학교 숙직실에서 몇 어린이가 모여 글을 짓기도 했다. 숙직실 뒤쪽에는 키다리 참나무 숲이 있어서, 밤이면 소쩍새가 와서 노래로 글 짓는 어린이들을 응원해주기도 했다. 이때 최종고 어린이도 열심히 글을 지어서 상을 타고 칭찬을 받는 꼬마 문사였다.

1958년 연말에 대구일보 문화부 남욱(南郁) 기자(후일 한국일보 문화부장)가 신년 특집에 상주 글짓기 운동을 다루기 위해 취재차 상주를 방문한 일이 있었다. 나중에 짐작한 일이지만 경북 아동문학을 대표하는 김성도 선생으로부터 상주에 대한 충분한 정보를 얻어 가지고 온 것이었다. 대담을 하면서 필자가 상주 어린이들의 시화전을 건의했더니 그렇게 해보자며 동의했다.

이리하여 1959년 대구일보 신년호에 상주를 〈동시 꽃피는 마을〉이라 칭찬한 특집이 한 면을 장식하였고, 그해 여름에 대구일보 2층에서 전국 최초의 어린이 시화전이 정준용 화백(후일 한국일보 기자)의 그림으로 이루어졌다. 명칭을 〈동시 꽃피는 마을 어린이 시화전〉이라 했다. 이때에 최종고 어린이가 발표한 작품을 기억나는 대로 적어본다.

울타리 구멍

울타리 구멍으로
쏘옥
암탉이 알 낳으러 가지요.

울타리 구멍으로

쏘옥

강아지가 젖 빨러 가지요.

간결미가 있고, 동심이 넘치는 어린이 시였다. 〈동시 꽃피는 마을 어린이 시화전〉의 시화 작품은 남욱 기자의 주선으로 새싹회 회장 윤석중 선생께 전달되었다. 윤석중 회장은 60년 겨울에 새싹회 주최로 서울 중앙공보관에서 시화전을 차렸는데, 전시회 이름을 〈동시의 마을 어린이 시화전〉으로 했다. 최종고 어린이는 〈동시의 마을〉 주인공 어린이의 한 사람이었다. 인연은 우연을 지니고 있는 것이어서 최 교수는 서울 방배동 아파트 한 층에서 윤 선생 댁과 앞뒷집으로 마주 보며 선생의 별세 때까지 가깝게 살았다.

성장한 최종고 어린이는 시 쓰기를 생활에 담아 지니고 서울대 법대교수가 되었고, 33년간 교수 생활을 하면서도 시를 놓지 않았다. 그래서 '시 쓰는 법학자'로 불리어 왔다. 정년 이후에는 한국인물전기학회, 한국펄벅연구회 등을 운영하고, 국제적으로 활약하는 시간에도 시 창작을 쉬지 않았다. 여러 권의 시집을 상재하였고, 거기에서 다시 뽑아 시선집을 내게 된 것이다. 이 시선집은 난해성을 완전히 극복한 시 모음으로서 한국인이면 누구나 읽고 공감할 수 있는 국민의 시라는 점을 먼저 칭찬하고 싶다. 하와이대학 교환교수를 비롯, 세계를 무대로 활동하면서 구한 소재이므로 세계적 스케일을 지닌 시편들이다.

이 시집을 살피면 시를 따라 세계를 여행하면서 명소를 만나고, 강을 만나고, 산을 만나고, 들을 만나게 된다. 세계의 시인 괴테 선생을 비롯해서 한국 사랑이 지극했던 노벨문학상 수상자 펄 벅 선생을 만나고 세계의 여러 위인들을 만나게 된다. 그중에는 한국을 사랑한 인물들이 많다. 처용랑(處容郎)과 최 씨의 시조 고운(孤雲) 선생과 수많은 역사적 인물을 만나며 그 시 안에 주인공의 생애가 놓여 있다. 유길준 선생 등에서 시작되는 한국 근대의 인물, 윤복진·박태준 선생에서 시작, 신봉승, 이호철 선생에 이르는 어제의 인물을 만나기도 한다. 이리하여 이 시집 한 권에서 세계를 한 바퀴, 세계 역사를 한 바퀴 돌면서 살피고, 우리의 고대와 근·현대의 인물과 역사를 만나게 된다. 독자는 이 시집에서 건전한 세계인이 되는 길을 찾게 될 것이다.

마지막 장의 동시들은 시인이 초등 시절부터 시작된 동심에서 생산한 시 작품들이다. 「소꿉장난」·「개미 장날」·「공 받기」·「아기 밥」 등 어느 것이나 최 시인의 동심이 담긴 시의 꽃이다. 이 중에서 고향 골목길을 형상화한 한 작품을 들여다보자.

우리 집 골목길

우리 집 골목길은
할아버지가
고욤나무 접붙이시던 길

우리 집 골목길은

아버지가
감나무 키우시던 길

올해도
감꽃이 노랗게 떨어진
오래된 우리 집 골목길.

시인의 아호 청리(靑里)는 고향의 면(面) 이름이다. 고향 마을은 상주군 청리면 수상리(水上里)다. 시인이 초롱꽃을 두고 노래한 명산 서산(西山)이 인자한 모습으로 내려다보는 마을이다. 상주 일대는 전국에서 유명한 감의 명산지다. 집집마다 감나무요 골목마다 감나무다. 토질이 감나무 성장에 좋기 때문이라 한다. 감나무는 고욤나무에 접을 붙여서 키운 것이다. 최종고 시인의 할아버지가 골목길 고욤나무에 감나무 접을 붙이셨다. 그 감나무를 아버지가 키우셨다. 홍시를 따 먹는 꼬마는 최종고 어린이다. 그래서 '우리 집 골목'은 할아버지의 길이요, 아버지의 길이다. 최종고 어린이(화자)가 익은 홍시를 따 먹던 길이기도 했다. 고마운 할아버지요 아버지셨다. 그런데 최종고 시인은 6·25전쟁에 아버지를 잃었다. 할아버지 손에서 사라는 최종고 어린이가 아버지 때를 돌이키면서 쓴 시편이다. 겨레의 상처가 민족사가 그의 동시에 지울 수 없이 남아있다. 이 애국심이 그의 시심을 불러일으키는 원천이요 힘이라 생각한다.

최종고 시선집
崔鍾庫 詩選集

초판 인쇄 2020년 10월 30일
초판 발행 2020년 11월 10일

지은이 최종고
펴낸이 조동욱
책임편집 박은정

펴낸곳 와이겔리
등록 제2003-000094호
주소 03057 서울시 종로구 계동2길 17-13(계동)
전화 (02) 744-8846
팩스 (02) 744-8847
이메일 aurmi@hanmail.net
블로그 http://ybooks.blog.me

ISBN 978-89-94140-40-7 03810

이 도서의 국립중앙도서관 출판예정도서목록(CIP)은 서지정보유통지원시스템 홈페이지(http://seoji.nl.go.kr)와 국가자료종합목록 구축시스템(http://kolis-net.nl.go.kr)에서 이용하실 수 있습니다. (CIP제어번호 : CIP2020045032)